产教融合视域下高职院校课程资源建设与重构路径

陈　璐　赵　功　著

北京交通大学出版社
· 北京 ·

内 容 简 介

2020 年 9 月，教育部等九部门印发《职业教育提质培优行动计划（2020—2023 年）》，提出建设 5000 门左右职业教育在线精品课程，提升信息化教学能力。本书以 2023 年国家级精品在线课程“税费计算与申报”为例，介绍其课程重构与资源建设模式。该课程由教授、副教授牵头，联合一线教师与行业专家，与税务局及多家企业合作，以税务服务岗位为主线，依托企业资源与虚拟仿真平台，围绕“真实项目”“岗课衔接”“知行合一”“服务社会”开展产教研活动，打造职业教育课程建设的特色品牌，探索校企共建共育的有效路径。

图书在版编目（CIP）数据

产教融合视域下高职院校课程资源建设与重构路径 / 陈璐，赵功著. -- 北京 ：北京交通大学出版社，2025. 8. -- ISBN 978-7-5121-5618-0

Ⅰ. G718. 5

中国国家版本馆 CIP 数据核字第 20250V7T79 号

产教融合视域下高职院校课程资源建设与重构路径

CHANJIAO RONGHE SHIYUXIA GAOZHI YUANXIAO KECHENG ZIYUAN JIANSHE YU CHONGGOU LUJING

策划编辑：张 亮　　责任编辑：郭东青

出版发行：北京交通大学出版社　　电话：010 - 51686414　　http：//www. bjtup. com. cn

地　　址：北京市海淀区高梁桥斜街 44 号　　邮编：100044

印 刷 者：北京华宇信诺印刷有限公司

经　　销：全国新华书店

开　　本：185 mm×260 mm　　印张：8. 5　　字数：211 千字

版 印 次：2025 年 8 月第 1 版　　2025 年 8 月第 1 次印刷

定　　价：49. 00 元

本书如有质量问题，请向北京交通大学出版社质监组反映。

投诉电话：010 - 51686043，51686008；传真：010 - 62225406；E - mail：press@ bjtu. edu. cn。

前　言

在数字经济浪潮席卷全球、产业变革日新月异的当下，职业教育正面临着前所未有的机遇与挑战。如何突破传统教育模式的束缚，培养紧密契合行业与岗位需求的高素质技术技能人才，已成为职业教育工作者亟待破解的时代课题。

“以岗定课”作为一种深度融合产业需求与教育供给的创新理念，为高职教育改革指明了方向。本书正是基于对这一理念的深刻洞察与长期实践，系统梳理了高职线上课程重构模式的探索历程与丰硕成果，旨在为职业教育高质量发展提供可资借鉴的范本。

回顾职业教育模式的历史演进，从传统的学徒制到现代职业教育体系的逐步完善，每一次变革都紧密呼应着社会经济发展的需求。随着互联网技术的蓬勃发展，在线课程的兴起为职业教育注入了新的活力，其理论建构日益丰富，为教育教学模式的创新提供了坚实的理论支撑。本书开篇回溯了职业教育模式的历史脉络，深入剖析了在线课程的理论基础，旨在厘清高职线上课程重构的历史逻辑与理论根基，使读者明晰教育变革的内在规律与发展趋势。

“以岗定课”的核心在于以岗位需求为导向，精准对接产业需求，重构高职课程体系。本书创新性地提出了岗位需求导向的课程重构方法论，通过对行业岗位能力的深度剖析，将职业标准、工作流程、典型工作任务等要素有机融入课程设计，实现了课程内容与职业岗位的无缝对接。这一方法论的提出，不仅为高职课程改革提供了科学的指导框架，更在实践层面为课程开发与实施指明了具体路径。

产教融合是职业教育的本质特征，也是实现“以岗定课”的重要路径。本书深入开展了产教融合的实践探索，通过校企合作、工学结合等多种形式，将企业真实项目、生产流程引入课堂教学，让学生在实践中掌握专业技能，提升职业素养。在这一过程中，企业深度参与了课程开发、教学实施、质量评价等环节，形成了校企协同育人的良好局面，有效提升了人才培养质量与产业需求的契合度。

随着人工智能、大数据、虚拟现实等新兴技术的广泛应用，智慧课程正逐渐成为职业教育发展的新趋势。本书聚焦智慧课程的“进化论”，探讨了如何运用新技术赋能高职线上课程，实现教学内容的智能化呈现、教学过程的个性化指导、教学评价的精准化反馈。智慧课程的发展不仅为学生提供了更加便捷、高效的学习方式，也为教师教学模式的创新与教学质量的提升开辟了新的空间。

本书以国家级精品在线开放课程“税费计算与申报”的建设历程为核心案例，融汇多年来在高职税务教学领域积累的丰富经验与创新成果。通过对该课程从设计、开发到实施、优化的全过程进行剖析，生动展现了“以岗定课”理念在高职线上课程重构中的具体实践与显著成效。每一个环节的经验总结、每一次实践的反思与改进，都凝聚着教育工作者对职业教育事业的执着追求与深刻思考，为读者提供了极具参考价值的实践范例。

职业教育改革永远在路上。本书的出版，既是对过往探索与实践的系统总结，更是对未来发展的积极展望。衷心希望本书能够为广大职业教育工作者、研究者提供有益的启示与借鉴，共同推动“以岗定课”理念在高职教育领域的深入实践，为培养更多适应新时代产业发展需求的高素质技术技能人才贡献力量。同时，也期待更多同仁加入职业教育改革创新的行列，携手书写职业教育高质量发展的新篇章。

著　者

2025 年 7 月

目　录

第 1 章

教育模式的历史沿革与技术赋能

1.1 课堂教育的起源与演变

教育活动的萌芽可追溯至原始社会，那时人类主要通过口耳相传和行为示范，将狩猎、采集等生存技能传授给下一代。随着社会生产力的发展，文字的诞生与知识的积累促使教育逐渐从生产生活中分离出来，并开始出现专门的教育形式。古代中国的“庠”“序”“校”，以及古希腊柏拉图创办的学园，都是早期教育机构的代表，为后来课堂教育的发展奠定了基础。

1.1.1 古代师徒制到现代班级授课制的变迁

在早期的教育实践中，师徒制是一种重要的形式。在手工业时代，为了满足生产需求，技艺传承多以家庭作坊为单位，通过父子相传、师徒相授的方式进行。通常采用一对一或小规模教学，注重实践操作，正如《考工记》中所记载的“工师授法，匠人习艺”。师徒关系强调尊师重道，学徒需经历“拜师 - 学艺 - 出师”的完整周期。“一日为师，终身为父”体现了当时师徒间深厚的伦理依附关系。中世纪欧洲的手工业行会通过“学徒 - 工匠 - 师傅”的三级制来培养职业人才，并制定了相应的考核标准；中国明代匠户子弟需通过官府组织的技艺考核方可继承匠籍。这些实践形成了早期职业资格认证制度的雏形。

然而，一对一的知识传授方式存在明显局限性：知识传播范围受限，效率较低，难以适应规模化生产的需求；同时，过度依赖个人经验，缺乏系统化知识体系的构建。这种以教师（师傅）为中心的模式持续了相当长的时期。

直到 17 世纪，捷克教育家夸美纽斯提出了班级授课制，将学生按年龄和知识水平编成固定班级，按照统一的课程表和教学进度进行教学。德国教育家赫尔巴特的“四段教学法”（明了、联想、系统、方法）进一步将教学过程科学化，为现代课堂教学提供了方法论基础。班级授课制的普及得益于印刷术的推广促进了知识的广泛传播，以及人文主义教育思想的兴起和各类教学实践的开展。它较好地适应了工业革命后大规模培养人才的需求，逐渐成为近现代教育的主流模式。工业革命对标准化生产的需求，也推动了教育的标准化，统一的教材、考核方式使得教育能够快速培养出满足工业生产需要的劳动力。19 世纪，德国在工厂学校中推行的“半工半读”模式，实现了课堂理论教学与车间实践的交替进行，这被认为是现代德国职业教育“双元制”的早期形态。英国于 1889 年颁布的《技术教育法》推动了技术教育的发展，促进了职业学校按行业需求设置相关课程（如机械制图、会计实务等），为后世职业教育标准化课程体系建设提供了借鉴。

采用多人同时学习的大班级授课制在发展到一定程度后，其困境逐渐凸显：班级内学员的基础、学情、吸收能力各不相同，而统一的教学进度使得教师难以兼顾所有学生，特别是学优生和学困生。同时，教学过程容易趋于单一、刻板，难以满足个性化学习需求。在职业教育领域，这种教学模式的单一化和扁平化使得教学内容可能无法充分覆盖不同企业的多样化用人需求，导致培养的人才只能适应一个或一小部分岗位的工作要求，“学用脱节”的问题日益凸显。

随着20世纪末以来互联网技术的兴起与发展，网页、视频、慕课、线上论坛等新技术不断涌现，冲击着传统课堂的权威结构。各类信息资源通过多种渠道汇聚，削弱了教师作为唯一知识来源的权威地位。在这一背景下，传统的、以单一来源为主的教学模式开始逐渐向混合式教学等更加灵活、多元的方向演进。

1.1.2 工业革命对标准化教育的推动

工业革命作为人类历史上具有划时代意义的变革，深刻影响了社会生活的方方面面，其中，标准化教育的兴起与发展便是其重要的历史产物之一。从第一次工业革命到第四次工业革命，每一次技术飞跃都为教育带来了新的发展契机与变革动力，推动着教育体系逐步走向标准化与规模化。本节将深入探讨工业革命如何推动标准化教育的发展，分析其在不同工业革命阶段的表现与特点，评估其带来的深远影响及面临的现实挑战，以期为未来教育发展提供有益的参考与启示。

1. 工业革命的历程回顾

1）第一次工业革命

18世纪60年代，第一次工业革命在英国拉开序幕。其背景是英国社会经济发生了一系列深刻变化：圈地运动使大量农民失去土地，为工业发展提供了充足的劳动力；海外贸易和殖民扩张积累了巨额财富，为工业革命提供了资金支持；同时，手工工场的发展积累了丰富的生产技术经验。在技术层面，纺织业的革新成为第一次工业革命的导火索，飞梭、珍妮纺纱机等发明显著提高了纺织效率。而瓦特改良蒸汽机的出现具有里程碑意义，它为工业生产提供了强大而稳定的动力，使工厂得以摆脱对水力等自然动力的依赖，实现了大规模的集中生产。这一时期，工厂制度逐渐确立，机械化生产取代了手工作坊，极大地提高了生产效率。社会对能够适应工厂流水线作业、遵守纪律、掌握基础读写算能力的劳动者的需求急剧增加，这直接推动了国民教育体系的建立和发展。为了满足工业生产对标准化劳动力的需求，教育开始强调纪律、统一性和效率，班级授课制应运而生并逐渐普及，教学内容也逐渐趋向统一和标准化。

2）第二次工业革命

19世纪末至20世纪初，以电力、内燃机和化学工业的应用为标志的第二次工业革命，进一步加速了社会生产力的提升和城市化进程。大规模生产、标准化管理和跨国公司的发展，对劳动者的技能水平提出了新的要求。教育体系在继续强调纪律和统一的同时，开始增加科学、技术等实用性课程，职业教育和中等教育得到发展，以满足工业化社会对技术工人的需求。教育体系更加注重培养能够适应复杂生产流程和管理体系的人才。

3）第三次工业革命

20世纪中叶开始的以电子计算机和信息技术应用为标志的第三次工业革命，极大地改变了生产方式和社会结构。自动化、信息化的发展使得对高技能人才的需求增加，同时也加剧了部分传统岗位的消失。教育体系面临新的挑战，开始强调培养学生的批判性思维、解决问题能力和终身学习能力。高等教育大众化趋势明显，继续教育和职业培训变得更为重要。

4）第四次工业革命

当前正在经历的以人工智能、物联网、大数据、生物技术等融合应用为特征的第四次工业革命，对教育提出了前所未有的要求。个性化学习、跨界融合、创新能力成为教育的重要目标。教育体系正在经历深刻的数字化转型，线上线下融合、智能教学系统、虚拟仿真实验等新形态不断涌现，试图培养能够适应高度不确定性和快速变化未来的人才。

2. 工业发展对人才的需求

随着工业革命的持续推进，工业生产的规模和复杂性不断提升，对劳动者的技能和素质提出了更高的要求。在第一次工业革命时期，工厂制度的兴起需要大量能够熟练操作机器的工人，这就要求劳动者具备一定的机械知识和操作技能。到了第二次工业革命，重工业的发展以及新技术的应用，如电力、内燃机等，要求劳动者掌握更复杂的科学知识和技术原理。第三次工业革命中，信息化产业的崛起对具备信息技术知识和计算机操作能力的人才需求大增。而在当前的第四次工业革命中，人工智能、大数据、云计算等新兴技术领域更是需要具备跨学科知识和创新能力的高端人才。

为了满足工业发展对不同层次、不同类型人才的需求，教育必须进行改革和创新。标准化教育应运而生。标准化教育通过制定统一的教学内容、教学方法和评价标准，能够大规模地培养出符合工业生产需求的人才。这一教育模式不仅提高了教育效率，也增强了教育的系统性和可复制性，为现代教育体系的建立奠定了基础。

3. 技术进步对教育手段的革新

工业革命带来的技术进步不仅改变了生产方式，也为教育手段的革新提供了可能。在第一次工业革命时期，印刷技术的发展使得教材的大规模印刷成为可能，为教育的普及提供了物质基础。到了第二次工业革命，电力的应用使得教学设备得到了更新，如投影仪、收音机等开始应用于教学，丰富了教学手段。第三次工业革命中，电子计算机和互联网的出现彻底改变了教育的方式和模式，远程教育、在线学习等新兴教育形式开始兴起，打破了时间和空间对教育的限制。在第四次工业革命中，人工智能、虚拟现实、增强现实等技术的应用，为教育带来了更加沉浸式、个性化的学习体验。例如，虚拟现实技术可以创建逼真的教学场景，让学生身临其境地学习历史、地理等知识；人工智能技术可以根据学生的学习情况提供个性化的学习建议和辅导。这些技术的应用使得教育更加高效、灵活，也为标准化教育的实施提供了更好的技术支持。

4. 规模化生产理念的影响

工业革命中的规模化生产理念对教育产生了深远影响。在工业生产中，通过标准化的生产流程和零部件，可以实现大规模、高效率的生产。这种理念被引入教育领域后，促使教育也朝着标准化、规模化的方向发展。标准化教育通过制定统一的课程标准、教学大纲和考试制度，能够像工业生产一样，大规模地培养学生，提高教育效率。例如，在班级授课制中，教师可以同时向几十名学生传授知识，按照统一的进度和标准进行教学，这种方式大大提高了教育的规模和效率 。同时，标准化教育还可以保证教育质量的相对稳定性，使得不同地区、不同学校的学生都能够接受基本相同水平的教育。

5. 标准化教育在不同工业革命阶段的表现

1）第一次工业革命与标准化教育的萌芽

在第一次工业革命初期，随着工厂制度的逐渐形成，对工人的技能培训需求开始显现。一些工厂主开始尝试对工人进行简单的技能培训，以提高生产效率。同时，由于机器生产的普及，需要劳动者具备一定的读写能力和基本的数学知识，以便能够理解操作手册和进行简单的计算。在这个背景下，一些面向大众的基础教育机构开始出现，这些机构采用统一的教材和教学方法，对学生进行基础知识的传授。例如，英国在 19 世纪初开始普及初等教育，建立了许多公立小学，这些小学采用班级授课制，按照统一的教学大纲进行教学，为标准化教育的萌芽奠定了基础 。此外，一些职业培训学校也开始出现，专门培养具备特定技能的工人，如机械制造、纺织等行业的工人，这些学校的课程设置和教学内容紧密围绕工业生产的需求，具有较强的针对性和实用性。

2）第二次工业革命与标准化教育的发展

在第二次工业革命时期，随着重工业的快速发展和科学技术的广泛应用，社会对人才的需求进一步提高。这一时期，标准化教育得到了进一步的发展和完善。在学校教育方面，各国开始建立更加系统和规范的教育体系，制定统一的课程标准和教学大纲，以确保教育质量的稳定性和可比性。

以德国为例，这一时期其职业教育体系得到了极大的发展。德国在 19 世纪中后期逐步建立起一套完善的职业教育体系，包括职业学校、技工学校等，这些学校的课程设置和教学内容均以行业标准为基础，注重实践操作与技能训练。通过这一教育体系，德国培养了大量高素质的技术工人，为本国重工业的快速发展提供了坚实的人才支持。

同时，在高等教育领域，学科分类日趋细化，各学科逐步建立起了自己的专业标准和教学规范。这一趋势不仅提升了高等教育的专业化水平，也为国家培养了大批具备专业知识和研究能力的高级人才。此外，标准化考试制度也开始在这一时期兴起。例如，美国于 1926 年正式推出 SAT（Scholastic Aptitude Test）考试，作为高校选拔学生的重要依据。SAT 的出现为高校招生提供了统一的评价标准，推动了教育选拔制度的标准化发展。

综上所述，第二次工业革命不仅推动了工业生产的现代化，也促进了教育体系的标准化建设。标准化教育在提高教育质量、培养专业化人才、推动教育公平等方面发挥了重要作用，为后续教育发展奠定了坚实基础。

3）第三次工业革命与标准化教育的成熟

第三次工业革命以信息技术的迅猛发展为标志，推动了教育领域的深刻变革。随着电子计算机和互联网的普及，远程教育和在线学习成为可能，教育资源的传播方式和覆盖范围得到了极大扩展。不同地区的学生可以借助网络平台，接受到与城市学生相同质量的教育内容，从而缩小了教育资源分配的不均衡问题。

在这一背景下，标准化的课程设计和教学资源开发变得尤为重要。许多教育机构开始开发标准化的在线课程，这些课程具有统一的教学目标、教学内容和教学方法，便于学生根据自身需求灵活选择学习内容。同时，标准化的在线教育平台也为教育质量的监控和评估提供了技术支持，使教学过程更加透明和可衡量。

此外，教育管理也逐渐实现标准化。借助信息化系统，教育管理者可以对学生的学习情况进行实时监测和评估，及时发现问题并调整教学策略。这种数据驱动的教育管理模式，不仅提高了教学效率，也为教育政策的制定和实施提供了科学依据。

在国际层面，国际标准化组织（ISO）等机构也开始在教育领域发挥作用。它们制定了一系列教育标准，涵盖课程设置、教学方法、评估体系等多个方面，促进了各国教育的交流与合作。这些国际标准的推广，进一步推动了标准化教育在全球范围内的成熟与发展。

综上所述，第三次工业革命推动了教育的信息化和标准化进程，使得教育内容、教学方式和管理手段都趋于统一和高效。标准化教育在这一时期不仅实现了技术上的突破，也进一步增强了教育的公平性与可及性。

4）第四次工业革命与标准化教育的变革

进入第四次工业革命，人工智能、大数据、物联网等新兴技术的迅猛发展，对教育提出了新的挑战和机遇。传统的标准化教育模式在培养学生的创新能力和跨学科素养方面存在一定的局限性，难以满足新兴产业对复合型、创新型人才的需求。因此，教育开始向个性化、智能化方向发展，强调培养学生的综合素质和创新能力。

一方面，教学方式和课程内容正在经历深刻变革。许多学校开始采用项目式学习（project - based learning，PBL）、探究式学习（inquiry - based learning）等教学方法，鼓励学生通过自主探索和实践解决问题，培养其创新思维和实践能力。这种教学模式不仅打破了传统课堂的局限，也为学生提供了更多自主学习和合作学习的机会。

另一方面，随着新兴技术的广泛应用，教育标准也在不断更新和完善。例如，在人工智能教育领域，教育界开始制定相关的课程标准和评价标准，以规范人工智能教育的发展方向。这些标准不仅涵盖人工智能的基础知识，还涉及伦理、安全、应用等多个维度，确保学生在掌握技术的同时具备正确的价值观和社会责任感。

此外，标准生态网的构建也成了第四次工业革命中标准化教育发展的重要趋势。通过整合政府、企业、高校、科研机构等多方资源，构建一个开放、协同的教育标准生态系统，能够更好地推动教育与产业的深度融合。这种生态系统不仅有助于教育标准的持续更新，也有利于教育资源的优化配置和共享。

总之，第四次工业革命正在推动标准化教育从“统一性”向“多样性”转变，从“标准化”向“个性化”发展。教育标准的不断优化和教育生态的持续创新，将为未来社会培养出更多具备创新能力、跨学科素养和全球视野的高素质人才。

6. 工业革命推动标准化教育带来的影响

工业革命不仅推动了生产力的飞跃发展，也深刻影响了教育的组织形式与内容结构。标准化教育作为工业社会发展的产物，逐渐成为现代教育体系的重要组成部分。其在提高教育效率、保障教育质量、推动教育普及等方面发挥了积极作用，但也存在一定的局限性。以下从多个方面分析工业革命推动标准化教育带来的影响。

1）提高教育效率，促进人才培养规模化

标准化教育通过统一的教学内容、教学方法和评价标准，使教育过程更加规范化和流程化，从而显著提高了教育效率。教师可以依据既定的教学计划进行授课，学生也可以按照统一的标准进行学习和考核。这种模式有助于在较短时间内培养出大量符合工业生产需求的人才。

例如，在职业教育领域，通过标准化的课程设置和培训模式，可以快速培养出熟练掌握某种技能的工人，以满足工业生产对劳动力的持续需求。在高等教育中，标准化的专业设置和教学规范也有助于系统化地培养具备专业知识的高级人才，为社会的持续发展提供智力支持。

标准化教育的这种效率优势，使教育资源得以高效利用，推动了人才供给的规模化和专业化，为工业化社会的快速发展提供了有力保障。

2）保障教育质量的相对稳定性

标准化教育通过制定明确的教育目标和评价标准，使教育质量具有相对的稳定性。在标准化教育体系下，不同地区、不同学校的学生在接受教育时，能够依据相同的标准进行学习和考核，从而有效避免因教育资源分配不均或教学方法差异而导致的教育质量参差不齐的问题。

例如，通过统一的课程标准和教材，学生可以接受到基本一致的知识体系；通过标准化考试，可以对学生的学习成果进行客观、公正的评价，从而保障教育质量的稳定性和可比性。这对于提高整个社会的教育水平、促进社会公平具有重要意义。

此外，标准化教育还便于政府和教育管理部门对教育质量进行监控和评估，为教育政策的制定和调整提供科学依据。

3）推动教育的普及化进程

工业革命带来的技术进步和经济发展，为教育的普及提供了坚实的物质基础。而标准化教育的发展则进一步推动了教育普及化的进程。标准化的教育模式使得教育资源可以更加高效地配置和利用，降低了教育成本，使得更多的人能够接受教育。

例如，大规模印刷的教材、统一的教学设备和教学资源的标准化开发，都为教育的普及提供了便利条件。同时，标准化教育也使得教育管理更加规范和高效，有利于政府对教育进行统筹规划和管理，从而推动教育在全社会范围内的普及。

此外，标准化教育有助于打破教育的阶层壁垒，使更多来自不同社会背景的学生有机会接受高质量的教育，从而促进社会的公平与进步。

4）可能抑制学生的个性发展

尽管标准化教育在提高效率和保障质量方面具有明显优势，但其高度统一的教学内容、教学方法和评价标准，也可能在一定程度上忽视学生的个性差异和兴趣爱好，从而抑制学生的个性发展。

每个学生都有其独特的学习方式、兴趣特长和发展潜力，而标准化教育模式往往难以满足学生的个性化需求。例如，在统一的课程设置下，学生可能无法选择自己感兴趣的课程；在标准化考试的评价体系下，学生的创新思维和独特见解可能得不到充分的认可和鼓励。这种“一刀切”的教育方式可能导致学生缺乏自主学习能力和创新精神。

因此，标准化教育在追求统一性和效率的同时，也应当关注学生的个性发展，为学生提供更加灵活和多元的学习路径，以培养具有创新能力和综合素质的人才。

5）课程设置和教学方法趋于僵化

为了满足工业生产对人才的需求，标准化教育的课程设置和教学方法往往侧重于知识的传授和技能的训练，具有较强的实用性和规范性。然而，这种模式也容易导致课程内容和教学方法趋于僵化。

一方面，课程内容可能过于注重理论知识的灌输，而与实际生活和工作场景的联系不够紧密，导致学生在学习过程中缺乏对知识的实际应用能力。例如，一些课程可能忽略了跨学科知识的整合，难以培养学生的综合思维和解决问题的能力。

另一方面，教学方法也可能以教师讲授为主，学生处于被动接受知识的地位，缺乏主动参与和实践操作的机会。这种“填鸭式”的教学方式不利于培养学生的实践能力和创新意识。

此外，标准化教育往往以考试成绩为主要评价标准，忽视了学生在学习过程中的个体差异和成长轨迹，导致教育评价体系趋于单一和僵化。这种课程设置和教学方法的局限性，在一定程度上限制了教育的创新和发展，难以适应现代社会对多元化人才的需求。

1.2　信息化浪潮下的教育变革

在数字技术迅猛发展的当下，信息化浪潮以前所未有的广度和深度席卷全球，深刻地重塑着社会各个领域，教育领域也迎来了全方位、深层次的变革。从在线教育平台的蓬勃兴起，到人工智能辅助教学的广泛应用，信息技术正不断打破传统教育的时空界限，推动教育模式、学习方式乃至教育理念发生巨大转变。

1.2.1　教育信息化现状分析

在国家政策引导与资金投入的大力支持下，我国教育信息化基础设施建设取得了显著进展。绝大多数学校已实现网络覆盖，多媒体教室、计算机机房等基础硬件设施基本普及。特别是在经济发达地区，中小学班级多媒体设备配备率普遍达到较高水平（例如接近或达到100%），部分学校还率先引入了智慧教室、虚拟实验室等先进教学环境。然而，城乡之间、区域之间的发展不平衡问题依然突出。部分农村地区学校面临网络带宽不足、设备更新缓慢等挑战，部分计算机配置难以满足当前教学需求，这在一定程度上制约了信息化教学的深入推广。

随着教育信息化的持续推进，各类数字教育资源呈现爆发式增长。国家和地方建设的教育资源公共服务平台汇聚了海量的课程资源、教学素材及学习工具。同时，市场上涌现出众多在线教育平台，提供了丰富多样的课程和学习服务。但数字教育资源领域也存在着质量参差不齐、重复建设、共享壁垒等问题。部分资源缺乏系统性和针对性，难以精准满足不同学校和学生的个性化需求。此外，资源的版权保护与规范化管理仍面临严峻挑战。

教师对信息技术的应用日益广泛，多媒体课件、在线教学平台、教育类应用程序（App）等已成为教学中的常用工具。在基础教育阶段，教师常通过制作精美的多媒体课件来丰富教学内容与形式；在高等教育和职业教育领域，线上线下混合式教学模式备受关注并得到广泛应用。然而，仍有部分教师对信息技术的应用停留在浅层次辅助阶段，缺乏深度融合的创新意识和实践能力，未能充分发挥信息技术在教学中的潜力。

学生对信息技术的使用频率和依赖程度持续提升。在线学习、移动学习已成为学生重要的学习途径，他们通过在线课程平台获取知识，利用学习类 App 进行练习和自测。但部分学生在信息化学习环境中表现出自律性不足的问题，学习效果有时难以保证。

学校的教育管理信息化水平逐步提高，教务管理系统、学生管理系统、财务管理系统等得到广泛应用，有效提升了管理效率与决策的科学性。但不同管理系统之间的数据互通不畅、协同办公存在障碍，影响了教育管理的整体效能和协同水平。

1.2.2 信息化带来的教育变革

1. 教学模式变革

1）个性化教学

借助大数据分析技术，教师能够收集并分析学生的学习行为、知识掌握情况等数据，从而为学生提供更具针对性的学习方案和指导。例如，一些在线教育平台利用智能算法，根据学生的答题情况和学习进度，精准推送适合的学习内容和练习题，实现了因材施教的精细化教学。

2）混合式教学

线上线下混合式教学模式打破了传统课堂教学的时空限制。学生可以在课前通过在线课程自主学习基础知识，课堂上则进行深入讨论、实践操作和教师答疑等互动活动，这有助于提高学习效率和效果。特别是在疫情防控等特殊时期，混合式教学模式发挥了关键作用，保障了教学活动的连续性。

3）探究式与合作式教学

信息技术为学生开展探究式和合作式学习提供了丰富的资源和便捷的交流工具。学生可以借助网络自主探究问题，与同伴组成学习小组进行协作学习，这有助于培养学生的创新思维和团队协作能力。

2. 学习方式变革

1）自主学习能力提升

在信息化环境里，学生可以根据自身兴趣和学习需求，自主选择学习内容、时间和进度。丰富的在线学习资源和学习工具为学生自主学习提供了有力支持，有效促进了学生自主学习能力的提升。

2）移动学习普及

智能手机、平板电脑等移动设备的普及，使得移动学习成为学生学习的重要方式。学生可以充分利用碎片化时间随时随地学习，如收听音频课程、阅读电子书、观看教学视频等。

3）学习视野拓展

互联网让学生能够接触到全球范围内的优质教育资源，极大地拓宽了学习视野。学生可以通过在线公开课、学术论坛等平台，学习不同国家、不同学者的观点和研究成果，及时了解学科前沿动态。

3. 教育管理变革

1）管理效率提高

教育管理信息化实现了数据的集中管理和高效处理，减少了人工操作和信息传递可能产生的误差，显著提高了管理效率。例如，通过教务管理系统，学校可以快速完成课程安排、学生考勤、成绩管理等常规工作。

2）决策科学化

教育管理信息化系统能够收集和分析海量的教育数据，为教育管理者提供决策依据。通过对学生学习数据、教师教学数据的分析，管理者可以及时发现教育教学中存在的问题，制定更具针对性的政策和措施，实现基于数据的科学决策。

3）家校沟通加强

借助信息化手段，学校与家长之间的沟通变得更加便捷和高效。通过家校沟通平台、教育类 App 等，家长可以实时了解学生的学习情况与在校表现，与教师进行及时沟通和交流，共同促进学生的健康成长。

1.2.3　教育变革面临的挑战与问题

1. 技术层面

信息技术发展日新月异，教育机构需要持续投入资金和精力更新设备和软件，以跟上技术发展的步伐。对于一些经济欠发达地区的学校而言，技术更新的成本过高，构成了一定的经济压力。部分先进的信息技术在教育应用中存在操作复杂、使用门槛高的问题，教师和学生需要投入大量时间和精力学习掌握，这在一定程度上影响了技术的推广和应用效果。教育信息化的发展高度依赖网络环境，网络安全和稳定性问题日益凸显。网络攻击、数据泄露、系统故障等问题可能导致教学活动中断、学生信息泄露等严重后果，带来安全隐患。

2. 师资层面

尽管教师对信息技术的认识和应用能力整体上有所提升，但仍有部分教师信息技术应用能力不足，无法熟练运用信息技术开展教学和管理工作。尤其是一些年龄较大的教师，对新技术的接受和学习能力相对较弱。当前教师信息技术培训存在培训内容缺乏针对性、培训方式单一、培训时间不足等问题。培训往往侧重于理论知识讲解，实践操作指导不足，难以满足教师的实际教学需求。此外，一些教师受传统教育观念影响较深，对信息化教学的重要性认识不足，习惯于传统的教学模式，对信息技术在教学中的应用存在抵触情绪，不愿意主动尝试新的教学方法和模式。

3. 学生层面

在信息化学习环境里，学习的自主性和灵活性增加，这对学生的自律性提出了更高要求。部分学生缺乏有效的自我管理能力，容易受到网络娱乐等因素的干扰，导致学习效率低下，学习效果不佳。不同学生之间的信息素养存在显著差异。一些学生能够熟练运用信息技术进行高效学习和创新，但也有部分学生信息获取、分析和处理能力较弱，无法充分利用信息化学习资源。由于家庭经济条件、地域等因素的影响，学生在信息化学习设备和网络资源的获取上存在差异，部分学生无法平等地享受到优质的信息化教育资源，这在一定程度上加剧了教育不公平现象。

4. 其他层面

1）教育评价体系滞后

现行的教育评价体系在很大程度上仍以考试成绩为核心，难以全面、客观地评价学生在信息化学习过程中的能力与素养发展。信息化教学注重学生的学习过程、创新能力和实践能力的培养，但现有的评价方式往往无法有效反映这些方面的发展，这在一定程度上制约了信息化教学改革的深入推进。

2）政策与资金支持不足

虽然国家出台了一系列推动教育信息化的政策，但在地方落实过程中，仍存在执行不到位、资金投入不足等问题。部分地区对教育信息化建设的重视程度不够，资金分配不合理，影响了教育信息化建设的进度和质量。

3）教育资源共享障碍

目前，教育资源共享仍面临诸多障碍，不同地区、不同学校之间的资源共享程度较低，资源重复建设现象依然存在，造成了资源的浪费，也不利于教育均衡发展。建立高效、顺畅的资源共享机制仍是亟待解决的问题。

1.2.4 远程教育发展三阶段（函授—广播电视—互联网）

1. 函授教育阶段：纸质媒介的远程启蒙

函授教育可追溯至1840年，英国人伊萨克·皮特曼通过邮寄方式分发速记教程，将学习材料与教学内容寄送给付费学习者，从而开创了函授教育的先河。中国于1902年引入了这种学习模式，商务印书馆设立了函授学社。

函授教育兴起的内在动力，源于工业革命对大量技术工人持续培训的需求。其最基本的技术保障则依赖于当时发达的铁路邮政系统，邮政寄送服务为这种教育方式提供了关键的物理载体支持。

函授教育的教学模式以固定化和纸质化为显著特点，形成了教材、作业本、答疑信件构成的“三位一体”系统。当时，旺盛的就业需求和对技能提升的价值认同，使得学员学习动力充足，大多无须过多督促便能坚持学习。同时，由于缺乏先进的教学手段，函授教育的内容相对基础，侧重于实践操作指导，如项目指导、工具使用说明等，理论内容占比不高。一个典型的实践案例是美国国际函授学校（international correspondence schools，ICS），它通过邮寄拆解图纸与故障排查指南等教材，开设机械维修课程，该课程订阅量曾超过3万份。

具有鲜明时代特色的函授教育，在我国并未持续太久，在现代教育体系中也逐渐式微。究其原因，主要包括以下几点：① 教学材料等单向信息依赖邮寄传递，不同学习者获得的学习内容完全相同，缺乏个性化；② 反馈周期漫长，师生间的答疑信件往返一次通常需要两个邮寄周期，平均耗时约15天；③ 学员缺乏与教师的直接互动和形象认知，学习多呈现“用时翻阅”的状态，这种模式难以有效支持复杂技能的习得。

2. 广播电视教育阶段：视听媒介的全民覆盖

随着20世纪50年代晶体管收音机的普及以及60年代教育电视台的兴起，基础设施的技术突破推动了广播电视教育的全面盛行。各国纷纷进行广播电视教育的制度创新：1969 年，英国开放大学创立，首次提出并实践了垂直管理的“广播电视 + 地方辅导站”模式，将远程教学从函授模式拓展为函授与广播电视相结合的形式；1979 年，中国广播电视大学系统建立，系统性地开展人才培养，持续向社会输送各类专业人才。

在此背景下，教学模式也随之革新。广播电视教育摆脱了单一的纸质文字教材，采用图文并茂、音画结合的方式，依托结构化的课程设计，通过讲座、访谈、纪录片等形式，利用周播循环播放的模式进行社会化教学。例如，中央电视台推出的《百家讲坛》、BBC 的《今日商业》系列、《蓝色星球》系列等节目，都曾是重要的教育资源。

广播电视教育凭借其覆盖面广、循环播放渗透力强等优势，降低了优质教育资源的获取门槛。但其单向传播的特性，仍然不可避免地导致学习者参与度不高的问题。英国开放大学早期部分课程的完成率不足 40%，就是一个有力的例证。

3. 互联网教育阶段：双向交互的智能革命

2000 年后，宽带技术的普及引发了技术集群爆发，各种编程语言催生了即时通信工具和多模态交互式学习工具。根据统计数据，全球互联网用户数量从 2000 年的约 3.6 亿增长至 2023 年的近 50 亿。

教学与沟通工具随着宽带速度的不断提升而持续进化：从 20 世纪 90 年代的 BBS 讨论区，到 2012 年 Coursera 等 MOOCs 平台的兴起，再到近年来基于大型语言模型（如某些被称为“大模型”的技术）形成的生成式 AI 学习助手。

互联网时代，知识和技术的更新迭代速度极快。为使学生适应未来职场需求，课程内容必须紧跟行业发展动态，及时更新。互联网使职业院校能够快速获取行业最新信息，如新技术、新工艺、新规范等，并将其融入课程。例如，在计算机编程领域，新的编程语言和框架不断涌现，职业院校的相关课程会及时调整，将热门技术纳入教学大纲，确保学生所学知识与行业前沿接轨。同时，许多在线教育平台会根据行业变化定期更新课程资源，为职业院校提供最新的教学素材，助力课程内容的动态更新。

互联网打破了传统行业界限，催生了众多跨界融合的新业态。职业教育课程内容也呈现出跨界融合的特点，不再局限于单一学科或专业。以智能制造专业为例，其课程不仅涵盖机械制造、电子技术等传统知识，还融合了计算机科学、自动化控制、物联网技术等多领域内容。学生需掌握机械设计与制造原理，同时具备电子电路设计、编程控制及物联网设备应用等多方面技能，以适应智能制造产业对复合型人才的需求。这种跨界融合的课程内容，有助于培养学生的综合素养和跨领域解决问题的能力，提升其未来职业竞争力。

1）课程组织形式多样化

在互联网教育阶段，职业教育课程组织形式不再局限于传统课堂。除线下教学外，在线课程、混合式课程等多种形式应运而生。在线课程允许学生随时随地学习，突破时空限制。学生可根据自身进度和需求，自主安排学习时间和内容，提升学习的自主性与灵活性。例如，不少职业院校与在线教育平台合作，开设了大量在线课程，学生可通过手机、电脑等终端设备学习。混合式课程则融合线上学习与线下实践，优势互补。学生可先在线上学习基础知识，再在课堂进行实践操作、小组讨论等，深化对知识的理解。多样化的组织形式满足了不同学生的学习需求，提高了教学效果。

2）课程组织形式灵活性

互联网教育使课程组织更具灵活性。教师可根据教学目标和学生学习情况，灵活调整内容与进度。例如，在线课程中，教师可通过学习平台实时掌握学生进度与问题，及时进行在线答疑或调整教学。混合式课程中，教师也可根据线下教学反馈，灵活布置线上任务，使教学更贴合学生学习规律。此外，课程的模块化设计也增强了组织灵活性。职业教育课程可划分为多个独立模块，学生可根据兴趣和职业规划，选择不同模块学习，实现个性化学习路径。

尽管互联网教育发展迅速，但仍面临数字鸿沟的挑战。截至2023年，中国职业教育慕课（MOOCs）数量已突破3.2万门，惠及超过1.4亿人次。然而，偏远地区职业院校的实训设备接入率不足35%，且虚拟仿真技术对实训的替代效果与普及程度仍存在争议。

1.2.5 慕课革命及其对职业教育的启示

慕课（massive open online courses，MOOC，大规模开放在线课程）的发展可追溯至2008年。当时，加拿大爱德华王子岛大学的乔治·西蒙斯（George Siemens）和斯蒂芬·唐斯（Stephen Downes）基于联通主义学习理论，开设了一门名为“连接主义与连接知识”（connectivism and connective knowledge，CCK08）的在线课程，这被广泛认为是早期慕课的雏形。此后，慕课概念逐渐传播并发展壮大。2011年，美国斯坦福大学推出“人工智能导论”等免费在线课程，吸引了来自全球160多个国家和地区的超过16万名学生注册学习，引发了社会各界的广泛关注。随后，Coursera、edX、Udemy等知名慕课平台相继涌现，众多世界顶尖高校和教育机构也积极参与慕课课程的建设与推广，慕课进入了快速发展阶段。如今，慕课已覆盖各个学科领域，成为全球范围内教育资源共享与学习交流的重要平台。

1. 慕课的核心特点

1）教学规模大幅增加

慕课突破了传统课堂教学空间和人数的物理限制，能够同时容纳成千上万的学习者参与同一门课程的学习。无论学习者身处何地，只要具备网络条件，都可以注册学习感兴趣的课程，实现了教育资源的大规模共享。例如，一些热门慕课课程的注册人数可达数十万人甚至更多。

2）教学具有更大的开放性

慕课面向全球所有学习者开放，入学门槛较低，通常不设严格的学历、年龄或前置课程要求。学习者无需具备特定的背景，只需通过网络注册即可提供免费和付费两种方式来学习课程。这种开放性使得不同背景的学习者都能获取优质教育资源，促进了教育公平。

3）在线学习模式

慕课依托互联网技术，采用在线教学模式。学习者可以随时随地通过电脑、手机等设备登录慕课平台，观看教学视频、参与讨论、完成作业和测试等，显著提升了学习的时空灵活性。同时，平台还提供丰富的学习资源，如电子教材、案例分析、拓展阅读资料等，方便学习者自主学习。

4）依托网络，互动渠道多样化

慕课平台为学习者与教师、学习者之间提供了多样化的互动交流渠道。学习者可以通过讨论区、在线答疑、小组协作等方式与他人进行交流，分享学习经验和见解，解决学习中遇到的问题。教师也可以及时了解学习者的学习情况，给予针对性的指导和反馈，有效增强学习的互动性和参与度。

2. 慕课革命对职业教育的启示

1）教学模式创新

慕课的出现为职业教育翻转课堂教学模式的实施提供了便利条件。传统课堂中，教师在课堂上进行知识讲解，学生课后完成作业和复习。而在翻转课堂模式下，学生先通过慕课平台自主学习课程视频和相关资料，掌握基础知识；课堂时间则用于教师答疑解惑、组织实践操作、开展小组讨论等活动，将知识的内化过程放在课堂上，提升了课堂教学的深度和效率。例如，在湖南有色金属职业技术学院的机械制造专业课程中，学生可以先在线学习机械设计原理、加工工艺等理论知识，课堂上则在教师指导下进行实际操作训练，实现理论与实践的深度融合。

职业教育的学生个体差异显著，学习需求与进度各不相同。慕课平台可以通过数据分析了解每个学习者的学习行为、学习进度和学习困难，为学生提供个性化的学习推荐和学习路径规划。例如，对于基础薄弱的学生，平台可以推荐一些基础知识巩固课程；对于学习能力较强的学生，则提供拓展性学习资源和实践项目，满足不同学生的学习需求，实现因材施教。

职业教育可以借鉴慕课的在线课程建设经验，整合与开发优质在线教育资源，开发丰富多样的在线课程。一方面，职业院校可以联合行业企业，邀请企业专家和技术骨干参与课程设计与开发，将企业的实际案例、新技术、新工艺融入课程内容，使课程更具实用性和针对性。另一方面，鼓励教师积极建设特色课程，分享教学经验和专业知识，构建具有学校特色和专业优势的在线课程资源库。此外，还可以通过与其他院校、慕课平台合作，引进优质课程资源，丰富学生的学习选择。

2）资源建设的创新

慕课的资源共享机制为职业教育提供了良好的借鉴。职业院校之间可以建立课程资源共享与流通机制，实现优质课程资源的共享。例如，通过建立区域职业教育慕课联盟，各院校将本校的特色课程上传至联盟平台，供联盟内其他院校学生学习。同时，还可以向社会开放部分课程资源，满足企业员工培训、社会人员职业技能提升等需求，提高职业教育资源的社会服务功能。

3）学习活动的创新

慕课的学习方式强调学习者的自主性，这有助于培养职业教育学生的自主学习能力。在慕课学习过程中，学生需要自主安排学习时间、制订学习计划、选择学习内容，并对自己的学习过程和结果进行监控和评价。职业教育可以引导学生充分利用慕课平台，培养学生的自主学习意识和习惯，提升其自主学习能力。例如，教师可以布置慕课学习任务，要求学生在规定时间内完成课程学习和作业，并定期组织学习交流活动，分享学习经验和心得。

慕课的开放性和灵活性为学习者提供了终身学习的机会，这与职业教育倡导的终身学习理念相契合。职业教育不仅要传授学生当前所需的职业技能，更要培养学生树立终身学习的意识和能力。通过引导学生参与慕课学习，让学生了解到学习是一个持续的过程，无论在职业生涯的哪个阶段，都可以通过网络获取学习资源，不断提升自己的知识和技能水平，适应社会发展和职业变化的需求。

4）教师发展的创新

慕课革命促使职业教育教师角色发生转变。在传统教学模式中，教师是知识的传授者和课堂的主导者；而在慕课背景下，教师需要从“讲授者”转变为“引导者”“组织者”甚至“评估者”。教师要善于利用慕课平台设计教学活动，引导学生自主学习，解答学生的疑问，组织课堂讨论和实践活动等。这要求教师不断更新教育理念，提升信息技术应用能力和教学设计能力，以更好地适应教学模式的变革。

为了提高教师适应慕课教学的能力，职业院校应加强教师培训与交流。一方面，开展针对慕课教学的专题培训，帮助教师掌握慕课平台的使用方法、课程设计技巧、在线教学策略等知识和技能。另一方面，鼓励教师参与国内外在线教学交流活动，学习先进的教学经验和方法，拓宽教学视野。此外，还可以建立校内教师交流平台，促进教师之间的经验分享和合作，共同提高慕课教学质量。

1.2.6　线上线下协同教学奠定教育变革方向

1. 线上学习的优势

线上学习在职业教育课程实施中具有显著优势。一方面，线上学习资源丰富多样，学生可以获取到大量的优质课程资源。通过互联网，学生可以接触到国内外优质职业院校的课程，拓宽学习视野。另一方面，线上学习平台具有强大的交互功能，学生可以与教师、同学进行实时互动交流。例如，在在线课程的学习过程中，学生可以通过弹幕、讨论区等方式提出问题，与其他学生共同探讨，教师也可以及时给予解答和指导。此外，线上学习还可以利用虚拟现实（VR）、增强现实（AR）等技术，为学生创造逼真的学习情境，提升学生的学习兴趣和效果。例如，在一些工科类专业的课程中，学生可以通过 VR 技术进行虚拟实验操作，在虚拟环境中模拟实际工作场景，提升实践能力。

2. 线下教学的不可替代性

尽管线上学习具有诸多优势，但线下教学在职业教育课程实施中仍然具有不可替代的作用。对于一些需要实际操作和技能训练的课程，线下教学能够为学生提供真实的实践环境和面对面的指导。例如，在机械加工、汽车维修等专业课程中，学生需要在实训车间进行实际操作，教师可以现场指导学生正确使用工具和设备，纠正学生的操作错误，提升学生的实际动手能力和职业素养。此外，线下教学还能够促进学生之间的情感交流和团队协作能力的培养。在课堂讨论、小组项目等活动中，学生可以直接与同学进行沟通交流，共同完成学习任务，增强团队合作意识。

3. 线上线下协同的模式

为了充分发挥线上学习和线下教学的优势，职业教育课程实施逐步形成了线上线下协同的模式。例如，在一门课程的教学过程中，学生通常先通过线上学习平台学习课程的理论知识，观看教学视频、阅读电子教材等。然后，在课堂上进行实践操作和案例分析，教师针对学生在线上学习过程中遇到的问题进行集中讲解和指导。课后，学生可以通过线上平台进行作业提交、在线测试等活动，巩固所学知识。同时，教师也可以通过线上平台对学生的学习情况进行跟踪和评价，及时调整教学策略。这种线上线下协同的课程实施模式，能够实现优势互补，提高课程教学质量。

4. 课程评价的多元化与过程化

1）多元化

在线教育环境下，职业教育课程评价不再仅仅依赖于传统的考试成绩，而是呈现出多元化的趋势。评价主体更加多元，引入了学生自评、互评以及企业评价等更多主体。学生自评可以让学生更好地了解自己的学习情况，发现自己的优点和不足，从而调整学习策略。互评可以促进学生之间的交流和学习，培养学生的批判性思维和团队合作能力。企业评价能够从行业角度出发，对学生的职业素养和实践能力进行评价，使评价结果更能反映实际工作需求。评价方式也更加多样化，除了传统的笔试、口试外，还引入了项目作业、实践操作考核、在线学习行为分析等方式。例如，在一些项目化课程中，教师会根据学生完成项目的情况，包括项目方案设计、实施过程、成果展示等方面进行综合评价。同时，通过在线学习平台记录学生的学习行为，如学习时间、参与讨论次数、作业完成情况等，对学生的学习过程进行量化分析，作为课程评价的重要依据。

2）过程化

传统的课程评价往往注重终结性评价，即对学生学习结果的评价。而在在线教育环境下，职业教育课程评价更加强调过程化评价。通过互联网技术，教师可以实时跟踪学生的学习过程，了解学生的学习进展和学习状态。例如，在线学习平台能够记录学生的学习轨迹，包括学生何时登录平台、学习了哪些内容、观看教学视频的时长等。教师可以根据这些数据，及时发现学生在学习过程中存在的问题，并给予针对性的指导。过程化评价也关注学生学习态度、学习方法和创新能力的表现。在学习过程中，教师会关注学生的学习积极性、主动性，以及学生是否能够运用有效的学习方法进行学习。对于学生在学习过程中表现出的创新思维和创新能力，教师也会给予肯定和鼓励。这种过程化的课程评价，能够及时反馈学生的学习情况，促进学生的学习和成长。

互联网教育阶段，职业教育课程结构呈现出课程内容的动态更新与跨界融合、课程组织形式的多样化与灵活性、课程实施的线上线下协同以及课程评价的多元化与过程化等特点。这些特点是职业教育适应互联网时代发展的必然结果，对于提高职业教育质量、培养适应市场需求的高素质技术技能人才具有重要意义。职业院校应充分认识到这些特点，积极利用互联网技术，不断优化课程结构，创新教学模式，加强师资队伍建设，以推动职业教育的高质量发展，为经济社会发展提供有力的人才。

1.2.7　多模态交互赋能的线上智慧课程

在科技飞速发展的当下，教育领域正经历着深刻的数字化转型。人工智能、大数据、物联网等新兴技术的不断涌现与融合应用，推动教育模式从传统的单一课堂教学向多元化、智能化方向转变。这种转型不仅是技术层面的革新，更是教育理念、教学方法和学习方式的全面变革。

多模态交互作为数字化教育的重要组成部分，正日益受到广泛关注。它突破了传统人机交互中仅依赖单一模态（如文本或语音）的限制，整合了语音、手势、表情、眼神等多种感官信息输入，使交互过程更加自然、高效和丰富。例如，在智能化的教学环境中，学生可以通过语音指令快速查询资料，教师能够借助自然的手势操作课件，系统甚至能通过分析学生的表情和眼神反馈，实时了解其学习状态与专注度，从而为教师提供依据，实现更具针对性的教学指导。这种多模态交互方式更贴近人类自然的交流习惯，能够显著提升学习体验和学习效果。

以税务教学领域为例，多模态交互技术与智慧课程的建设具有尤为重要的意义。税务知识体系专业性强、政策更新频繁，且对实际操作能力要求高。传统的税务教学模式往往侧重于理论知识的单向传授，多采用讲授式方法，导致学生在学习过程中主动性不足、参与感不强，难以有效将理论知识与复杂的实际业务场景相结合。随着税收政策持续调整和税收征管信息化水平的不断提升，社会对税务人才的综合素质和实践能力提出了更高要求。因此，引入多模态交互技术，构建智慧课程体系，成为创新税务教学模式、提升教学质量的关键路径。

在教育数字化转型的宏观背景下，多模态交互技术为税务教学带来了新的机遇，同时也提出了挑战。借助多模态交互，学生可以更加直观地理解抽象复杂的税务概念和业务流程，从而提高学习效率；教师则能利用多样化的智能教学工具和资源，更好地实施个性化教学，提升教学效果。同时，智慧课程的建设有助于整合丰富的教学资源，提供实时的学习过程反馈与评估，为培养学生的自主学习能力和终身学习习惯奠定坚实基础。

第2章

在线课程的理论建构

随着信息技术的飞速发展，互联网已深度渗透社会各个领域，教育领域亦深受其影响。线上学习作为一种重要的教育模式，正逐步改变着传统的教学方式与学习体验。它依托互联网技术，打破了时空限制，使学习者能够随时随地获取丰富的学习资源，并与教师、同伴进行互动交流。

近年来，线上学习市场规模持续扩大，各类在线教育平台如雨后春笋般涌现，覆盖了从基础教育、高等教育到职业培训、兴趣培养等多个领域。无论是学生、在职人员还是退休人士，都能根据自身需求与兴趣，选择合适的线上课程进行学习。线上学习的发展不仅为广大学习者提供了更多元的学习机会，也为促进教育公平做出了积极贡献。

2.1 线上学习的理论基础

线上学习，亦称远程教育或在线学习，是一种依托互联网及相关数字技术进行的教育与学习模式。它突破了传统教育在时间和空间上的限制，使教与学的活动不再局限于特定场所和时间。学习者只需通过电脑、手机、平板等终端设备接入互联网，即可获取丰富的学习资源，参与各类学习活动。

线上学习具有显著的灵活性。学习者无须遵循固定的课程表前往特定教室，可根据自身的生活节奏、工作安排和学习习惯，自由选择学习时间。无论是清晨、午后还是夜晚，只要具备学习意愿和时间，便可随时进行学习。在空间方面，无论身处家中、办公室、图书馆，还是在旅途中，只要网络信号覆盖，都能便捷地参与线上学习，真正实现了“随时随地学习”的便捷性。

线上学习的资源丰富多样。互联网汇聚了全球范围内的教育资源，各类在线课程平台提供了涵盖基础教育、高等教育、职业技能培训及兴趣爱好培养等各个领域、各个学科的丰富课程。这些课程形式多元，包括视频讲座、电子书籍、互动课件、在线测试等，满足了不同学习者对学习内容和学习方式的多样化需求。学习者可根据自身兴趣、需求及学习目标，便捷地选择适合的课程和学习资源。

线上学习还能为学习者提供个性化的学习体验。借助大数据、人工智能等先进技术，线上学习平台能够对学习者的学习行为、学习进度、知识掌握程度等数据进行精准分析，从而为每个学习者量身定制个性化的学习路径和学习计划。平台会根据学习者的薄弱环节推送有针对性的学习内容，帮助学习者更高效地提升自我。这种个性化的学习方式充分尊重了学习者的个体差异，使学习过程更符合每个学习者的独特需求，有助于提升学习效果。

当前，线上学习在全球范围内得到广泛应用与普及，市场规模持续扩大。相关研究报告显示，2023 年全球在线学习市场规模达到了 566 亿美元，预计到 2028 年将增长至 696 亿美元，保持一定的年复合增长率。在各个教育阶段和领域，线上学习均发挥着重要作用。在 K–12 教育领域，许多学校和教育机构提供在线课程与辅导服务，帮助学生弥补学习短板、拓展知识面。在高等教育领域，越来越多的高校开设在线学位课程和公开课，方便学生随时随地学习，提升学术水平。

线上学习的发展呈现出智能化的趋势。人工智能技术在在线学习中的应用日益深入。通过对学习者学习数据的分析，智能系统可为学习者提供个性化的学习路径和内容推荐。智能辅导系统能够实时解答学习者的问题，如同提供一位专属的私人教师。自适应学习平台则可根据学习者的学习进度和能力水平，自动调整学习难度和内容，实现真正的因材施教。

融合化是未来线上学习的重要发展方向。线上学习与线下学习的融合，即混合式学习模式，正逐渐成为主流。这种模式结合了线上学习的灵活性和资源丰富性，以及线下学习的互动性和实践性，使学习者在在线学习中获取知识，在面对面交流的线下环境中进行深入讨论和实践操作，从而提高学习效果。线上学习还将与其他领域深度融合，如与职业培训、企业学习与发展等相结合，为不同行业和人群提供定制化的学习解决方案。

随着全球化的推进，线上学习的全球化趋势也日益明显。在线学习平台打破了国界和地域的限制，使全球各地的学习者都能共享优质教育资源。不同国家和地区的学习者可以通过在线学习平台进行交流与合作，共同学习和进步。这不仅促进了教育资源的公平分配，也推动了全球教育的交流与合作。

2.1.1 行为主义学习理论的核心观点

1. 行为主义学习理论基础

行为主义学习理论是 20 世纪初起源于美国的一个重要心理学流派。其核心观点认为，学习是刺激（stimulus，S）与反应（response，R）之间的联结。该理论将环境视为刺激，将有机体的行为看作是对刺激的反应，并认为所有行为都是通过学习获得的。其基本公式为 S – R，强调特定的刺激会引发特定的反应。

在行为主义学习理论中，强化（reinforcement）被认为是学习成功的关键因素。对于已形成的刺激 – 反应联结，若能持续给予强化（尤其是及时强化），该联结会变得更加稳固，学习效果也相应提升。例如，斯金纳的操作性条件作用理论提出了正强化（positive Reinforcement，给予愉快刺激以增加行为概率）和负强化（negative reinforcement，移除厌恶刺激以增加行为概率）的概念。

行为主义还认为，学习过程是一种渐进的“尝试与错误”直至成功的过程。学习者面对新任务时，会通过不断尝试各种行为，逐步淘汰无效或错误的反应，最终找到正确的应对方式，从而形成稳定的刺激 – 反应联结。

2. 行为主义在线上学习中的应用案例

行为主义学习理论在线上学习平台和课程设计中有着广泛应用。许多在线课程设置了积分、徽章、排行榜等奖励机制，这正是基于行为主义的强化原理。当学习者完成特定学习任务（如观看视频、完成测验），即可获得积分或徽章。这些奖励作为积极刺激，强化了学习者完成任务的行为，激励其持续学习，提高学习积极性与主动性。

线上学习中的即时反馈亦是行为主义理论的重要应用。当学习者完成作业或测试后，系统会迅速给出成绩和解析，使其及时了解学习结果。这种即时反馈有助于强化正确的学习行为、纠正错误行为。若回答正确并获得肯定，能增强学习者对相关知识的记忆与理解，提高再次做出正确反应的概率；若回答错误，通过查看解析，学习者能明确错误原因，调整学习策略，从而促进学习效果的提升。

3. 行为主义对线上学习的影响与局限性

行为主义学习理论在关注学生的内在需求和高级认知能力培养方面存在明显的局限性。该理论过于强调外部刺激和行为反应，而忽视了学生的认知、情感、兴趣等内部因素在学习中的重要作用。在实际的线上学习中，学生的学习动机和学习效果不仅仅取决于外部的奖励和惩罚，更受到他们自身对知识的渴望、学习兴趣以及对学习意义的理解等因素的影响。行为主义理论将学习过程简单地归结为刺激－反应的联结，无法解释学生如何进行复杂的思维活动、知识的深层次理解和创造性的发挥。在培养学生的批判性思维、问题解决能力和创新能力等高级认知能力方面，行为主义学习理论的指导作用相对有限，难以满足当今社会对高素质人才培养的需求。

2.1.2　建构主义学习理论在虚拟环境中的应用

1. 建构主义学习理论基础

建构主义学习理论起源于20世纪60年代的认知心理学领域，历经发展，逐渐在教育界产生广泛而深远的影响。其主要代表人物包括皮亚杰和维果斯基，他们从不同角度为建构主义理论的发展奠定了基础。

皮亚杰提出了儿童认知发展阶段理论，强调儿童在与环境的相互作用中，通过“同化”与“顺应”的过程，不断建构和重构自己的认知结构。这一观点为建构主义学习理论提供了心理学依据，突出了学习者在知识建构中的主动性和互动性。

维果斯基则强调社会文化因素在认知发展中的作用，认为学习不仅是个人内部的心理过程，更是社会互动和文化传承的结果。这一观点为建构主义学习理论提供了社会文化视角。

建构主义学习理论的核心观点涵盖知识观、学生观和学习观三个方面。

1）知识观

知识是动态的、主观的、情境性的和建构性的。它并非对现实的准确表征，而是一种解释和假设，会随着认知的深化和实践的拓展而不断演化。例如，科学发展过程中，许多曾被认为是真理的理论，随着新的研究和发现而被修正和完善。此外，知识不能精确概括世界的法则，在具体问题中需要结合情境进行再创造。例如，不同地区的建筑风格因地理环境和文化背景的不同而各异，建筑知识的应用需结合当地实际情况。知识也是学习者基于个人经验、文化背景和认知结构建构的，不同的人对同一事物可能有不同的理解和解释，正如“一千个读者眼中有一千个哈姆雷特”。

2）学生观

建构主义强调学生经验丰富、潜能巨大、经验世界差异显著。每个学生在日常生活和先前学习中积累了丰富的经验，这些经验是学习新知识的重要基础。由于遗传、环境、家庭教养等方面的差异，学生的经验世界千差万别，面对相同的学习内容时，会基于自身经验形成不同的理解。

3）学习观

建构主义强调学习的主动建构性、社会互动性和情境性。学习不是教师向学生传递知识的简单过程，而是学生主动建构知识的过程。例如，在探究式学习中，学生自主提出问题、收集资料、分析问题并解决问题，主动构建知识体系。学习也是一种社会互动过程，学习者通过与同伴、教师等进行交流与合作，共同建构知识。此外，学习应在具体情境中发生，以便更好地理解和应用知识。例如，在模拟商业谈判的情境中学习商务知识和谈判技巧，有助于学生在真实情境中掌握相关技能。

2. 虚拟环境的界定与特点

虚拟环境是一种通过计算机模拟创建的环境，允许用户在不受物理限制的情况下进行探索和体验。借助计算机技术、网络技术以及虚拟现实（VR）、增强现实（AR）和混合现实（MR）等先进技术，虚拟环境能够模拟出逼真的场景和情境，使用户仿佛身临其境。

在教育领域，虚拟环境可用于创建虚拟实验室、虚拟课堂等学习场景；在游戏领域，能打造沉浸式的游戏世界；在训练领域，为专业技能培训提供安全、高效的模拟环境。

虚拟环境具有以下显著特点。

1）便捷性

用户可以不受时间与空间的限制，随时随地接入虚拟环境进行学习、工作或娱乐。例如，学生可在家中通过网络进入虚拟课堂，与远方的老师和同学互动学习；上班族也可在下班后通过移动设备进入虚拟培训环境，提升职业技能。

2）个性化

虚拟环境能够根据用户的需求、兴趣和学习进度，提供个性化的内容和体验。例如，在在线学习平台中，系统可根据学生的学习历史和答题情况，分析其知识掌握的薄弱环节，并推送针对性的学习资料和练习题。

3）安全性

在存在危险或高成本的学习与训练场景中，虚拟环境提供了安全的替代方案。例如，飞行员培训中，利用虚拟飞行环境进行模拟训练，既能让学员在接近真实的情境中提升飞行技能，又避免了实际飞行中的安全风险，同时降低了培训成本。

4）可定制性

虚拟环境可根据不同的应用目的和需求，灵活创建各种类型的虚拟场景和互动方式。

5）交互性

用户能与虚拟环境中的对象进行自然交互，如触摸、操作、对话等，增强参与感和体验感。

6）沉浸式体验

借助高分辨率显示、立体音效等技术，虚拟环境能够营造出身临其境的感觉，使用户全身心投入到虚拟环境中。

3. 建构主义学习理论与虚拟环境的结合基础

建构主义学习理论与虚拟环境的结合具有坚实的理论基础，其中情境性是二者结合的关键纽带。建构主义强调学习应在真实情境中发生，以便学习者更好地理解和应用知识。虚拟环境能够利用计算机技术和多媒体手段，创建高度逼真的虚拟情境，模拟现实生活中的各种场景，为学习者提供身临其境的学习体验。

例如，在虚拟化学实验室中，学生可以像在真实实验室一样操作各种实验仪器，进行化学实验，观察实验现象。这种情境化的学习方式有助于学生更好地理解化学知识，掌握实验技能，提高解决实际问题的能力。

互动性也是二者结合的重要基础。建构主义认为学习是一个社会互动的过程，学习者需要与他人进行交流、合作和对话，共同建构知识。虚拟环境为学习者提供了丰富的互动方式和交流平台，学习者可以在虚拟环境中与其他学习者组成学习小组，进行协作学习；也可以与虚拟教室或智能辅导系统进行交互，获取个性化的学习指导和反馈。

此外，虚拟环境的资源丰富性与建构主义学习理论中强调的利用多样化学习资料进行知识建构相契合。虚拟环境中蕴含着海量的学习资源，包括文本、图像、音频、视频等多种形式，学习者可以根据自己的需求和兴趣，自主选择学习资源，进行有针对性的学习。同时，虚拟环境还支持学习者对学习资源进行整合和重组，促进知识的内化和应用。

4. 建构主义学习理论在虚拟环境中的应用案例分析

虚拟实验室在科学教育中具有重要的应用价值。以中联教育集团的税务综合实训软件为例，该软件借助虚拟现实（VR）、增强现实（AR）和混合现实（MR）等先进技术，打造了高度逼真的虚拟报税环境。学生可以在该环境中突破传统报税教学的诸多限制，随时随地开展实验。

虚拟实验室在帮助学生理解抽象知识方面效果显著。在税务学习中，税收特性、征收条例等知识较为抽象，学生难以理解。而在虚拟实验室中，这些抽象知识被转化为直观的三维模型和互动场景。学生能够直观地看到实验结果和报税成果。例如，在化学教育中，学生通过虚拟实验室观察到分子结构的旋转、化学键的形成与断裂，以及化学反应的动态过程，将抽象概念具象化，从而深入理解化学知识的本质。

在培养实践能力方面，虚拟实验室也发挥着关键作用。学生可以在虚拟环境中反复进行实验操作，不用担心实验失败或造成资金损失。他们能够熟练掌握各种软件仪器的使用方法，如增值税发票开具、企业所得税纳税申报等，还能自主设计税收管理方案，进行实验探究，分析税收数据并得出结论，全面锻炼操作能力和探究能力。

例如，在企业所得税税收管理与风险控制中，学生可以在虚拟实验室中自行选择不同税收优惠政策进行匹配，通过改变政策依据，观察税基、税率、税额的变化，从而深入理解各项税收优惠政策的实践依据和发布背景。

5. 应用效果与优势分析

虚拟环境以其独特的沉浸式体验和丰富的交互性，极大地激发了学生的学习兴趣和主动性。在虚拟历史课堂中，学生可以借助虚拟现实（VR）技术“穿越”时空，亲身参与历史事件。例如，在“赤壁之战”的虚拟场景中，学生仿佛置身于古战场，亲眼看见战船林立、硝烟弥漫的战争场面，感受历史的震撼与厚重。这种身临其境的体验，相较于传统历史教学方式更具吸引力，能促使学生主动探索历史事件背后的原因、过程和影响，从而提高学习积极性。

在虚拟语言学习环境中，学生可以与虚拟角色进行实时对话，模拟真实的语言交流场景。例如，在虚拟的国外餐厅中，学生需要用所学语言与服务员交流点餐，这不仅增加了学习的趣味性，还让学生在实际应用中感受到语言学习的实用性，进而更积极主动地参与学习。

虚拟环境通过创设逼真的情境，为学生提供了丰富的感性认识，有助于学生更好地理解抽象知识。在物理学习中，一些微观世界的物理现象，如原子结构、电子云等，由于其抽象性和微观性，学生难以理解。而借助虚拟环境，这些微观现象可以以直观的三维模型形式呈现出来，学生能够从不同角度观察原子的结构，以及电子在原子核外的运动状态，将抽象的物理概念具象化，从而加深对知识的理解。

虚拟环境中的互动性也能促进学生对知识的记忆。学生在与虚拟环境中的对象进行互动操作时，需要运用所学知识，这种亲身体验和实践的过程，能够强化知识在大脑中的记忆痕迹。例如，在虚拟税务实践中，学生亲自操作税务软件，进行报税和风险筛查，观察报税结果和风险管控情况，相较于单纯地在书本上学习税收知识，这种亲身参与的方式能让学生对操作步骤、概念原理等知识记得更牢。

虚拟环境为学生提供了丰富的实践机会，学生可以在虚拟环境中进行各种实验、操作和模拟活动，锻炼自己的实践能力。例如，在虚拟工程设计环境中，学生可以设计各种建筑、机械等模型，并对其进行模拟测试和优化。在这一过程中，学生需要运用所学的工程知识，进行实际的设计和操作，从而提高自己的实践能力。这种“做中学”的方式不仅提升了学生的动手能力，也增强了他们对理论知识的理解和应用能力。

此外，虚拟环境的开放性和灵活性也为学生的创新提供了广阔的空间。学生可以在虚拟环境中自由探索、尝试新的想法和方法，而不受现实条件的限制。例如，在虚拟艺术创作环境中，学生可以运用各种虚拟工具和素材，发挥自己的想象力和创造力，创作出独特的艺术作品。这种自由度不仅有助于学生表达个性，也培养了他们的创新能力与审美素养。

建构主义学习理论强调学习是学习者主动建构知识的过程，而虚拟环境则为这一过程提供了理想的平台。在虚拟环境中，学生不再是被动的知识接受者，而是通过探索、实验、互动和反思，主动建构自己的知识体系。这种学习方式更符合建构主义所倡导的“以学习者为中心”的理念。

综上所述，建构主义学习理论与虚拟环境的结合，不仅丰富了教学手段，也为学生提供了更加沉浸式、互动性、实践性强的学习体验。通过虚拟环境，学生能够在真实或模拟的情境中进行知识的建构与应用，从而实现更深层次的学习效果。这种教学方式不仅有助于提升学生的学习兴趣和参与度，也为培养具有创新能力和实践能力的高素质人才提供了有力支持。

2.1.3 联通主义视角下的知识网络构建

1. 联通主义的概念

联通主义由加拿大学者乔治·西蒙斯（George Siemens）于2005年在其文章*Connectivism: A Learning Theory for the Digital Age*中系统提出。它描述了一种适应当前社会结构和技术发展变化的学习模式。在联通主义看来，学习不再是完全内化的个人活动；随着新学习工具的涌现，人们的学习方式与学习目标也随之改变。其核心观点认为，知识基础的快速变迁会导致决策的变化，持续获取新信息是常态，而在此过程中，区分重要信息与次要信息的能力变得至关重要。

深入理解联通主义的内涵，其起点是个人。个人的知识构成了一个网络，这个网络嵌入到各种组织与机构中，而这些组织与机构的知识又反过来回馈给个人，形成一个持续的知识发展循环。西蒙斯指出，学习是连接特定节点和信息源的过程。知识如同管道中的流体（常被比喻为石油），不断流动；而管道就是那些相互联通的节点。知识以片段的形式散布在网络中，每个人都拥有其中一部分，并且都可以对知识进行创造、完善、更新和批判。例如，在学术研究领域，学者们通过参加学术会议、阅读文献、与同行交流等方式，不断连接不同的知识节点，获取新的研究思路和信息，从而推动自身研究工作的进展。同时，他们的研究成果又会回馈到学术知识网络中，供其他学者学习和参考。

与传统学习理论相比，联通主义有着显著区别。传统的行为主义学习理论强调刺激与反应之间的联结，认为学习是通过不断重复和强化形成习惯的过程（例如，学生通过反复背诵单词来记忆）。认知主义则关注学习者内部的认知过程，强调知识获取是通过对信息的加工和理解实现的（例如，学生学习数学公式时，需要理解其推导过程才能更好地运用）。而联通主义突破了个体内部认知的局限，将学习视为一种网络化、分布式的活动。它不仅关注个体内部的认知连接和概念网络，更强调外部的社会网络，认为学习可以发生在与他人对话、协作的过程中，以及通过连接各种外部信息源来实现。在在线学习社区中，学习者们通过与其他学习者交流讨论、分享学习资源，从不同观点和经验中获取知识，这种学习方式体现了联通主义强调的关系中学和分布式认知的观念，这是传统学习理论所未能充分涵盖的。

2. 知识网络的概念

知识网络是指知识参与者（如个人、组织等）之间形成的社会网络结构，它能够促进个人、组织内部以及组织外部的知识创造、传递与共享。人们通过知识网络进行信息合作与交流，其目标是利用技术将人与知识连接起来，实现智力资本、结构资本（如组织流程、数据库等）和关系资本（如人脉、合作网络等）的有效结合与增值。从结构上看，知识网络的节点代表知识的基本单元，可以是个人、组织、文献、专利、概念、数据集等；而链接则代表节点之间的知识流动、引用、合作、学习等关系。这些节点和链接共同构成了知识网络的拓扑结构，反映了知识之间的关联和交互方式。

知识网络具有多种特性。首先是整体性，知识网络中的各个节点和连接相互关联、相互作用，形成一个有机的整体。一个节点的变化可能会影响到与之相连的其他节点，进而影响整个知识网络的结构和功能。例如，在企业的知识管理中，不同部门的员工作为知识节点，他们之间的协作和知识共享形成了企业的知识网络；某个部门获取的新市场信息可能会促使其他部门调整生产策略或研发方向。

其次是多维性，知识网络中的节点和链接可以从多个维度进行理解和分析。除了知识内容维度，还包括时间维度（知识的产生、发展和演变过程）、空间维度（知识在不同地域、组织间的分布）以及社会关系维度（知识参与者之间的人际关系和合作网络）。以学术研究为例，一篇学术论文作为知识节点，它不仅包含特定的学术知识内容，还具有发表时间、作者所属机构等信息，同时通过引用和被引用关系与其他论文形成复杂的网络结构。

再次是开放性，知识网络是一个开放的系统，不断与外界进行知识的交换和互动。新的知识节点可以随时加入，旧的节点也可能随着知识的更新或淘汰而变化。互联网的发展极大地增强了知识网络的开放性，人们可以便捷地获取全球范围内的知识资源，同时也能将自己的知识和见解分享到网络中，丰富知识网络的内容。

此外，知识网络还具有动态性（不断演化、更新）和自组织性（在一定规则下能自发形成有序结构）等特性，这些特性相互交织，共同塑造了知识网络的复杂结构和不断演化的特征。

联通主义为知识网络构建提供了坚实的理论支持。根据联通主义的观点，学习是连接专门节点和信息源的过程，这与知识网络构建中节点和链接的形成过程高度契合。在知识网络构建中，个体通过不断学习，将自己所接触到的各种知识单元作为节点，通过理解、分析、整合等学习行为，在这些节点之间建立起链接，从而逐渐构建起个人的知识网络。同时，联通主义强调知识的动态性和网络性，知识不再是静态的、孤立的存在，而是存在于不断变化的网络连接之中，这也要求知识网络构建必须具备动态更新和适应性调整的能力，以适应知识的快速发展和变化。

二者之间存在着相互作用的关系。一方面，联通主义指导下的学习活动促进了知识网络的构建和发展。学习者在联通主义学习理念的引导下，积极主动地与各种信息源建立连接，不断拓展知识网络的边界，丰富知识网络的内容和结构。在在线学习平台上，学习者通过关注不同领域的专家、参与学习小组讨论、浏览各类学习资料等方式，建立起广泛的知识连接，使自己的知识网络不断壮大和完善。另一方面，知识网络的存在和发展又为联通主义学习提供了丰富的资源和环境。知识网络中存储的大量知识节点和多样化的链接关系，为学习者提供了更多的学习路径和选择，学习者可以根据自己的需求和兴趣，在知识网络中快速定位和获取所需知识，实现高效学习。这种相互作用关系使得联通主义和知识网络构建紧密结合，共同推动着知识的传播、创新和应用。

3. 联通主义视角下知识网络构建的要素分析

1）节点的识别与选择

在联通主义视角下的知识网络中，节点是知识的基本载体，其类型丰富多样。

（1）个人是知识网络的关键节点，是知识的创造者、传播者和应用者。每个个体都拥有独特的知识储备和认知结构，通过与其他节点的交互，实现知识的共享与创新。在学术研究团队中，不同领域的专家凭借各自的专业知识和研究经验，为团队的知识网络贡献独特的见解和思路。

（2）组织也是重要的节点类型，如企业、学校、科研机构等。组织拥有丰富的资源和专业的知识体系，能够为知识网络提供大量的知识内容和实践经验。企业通过研发、生产和销售等活动，积累了丰富的市场、技术和管理知识，这些知识成为知识网络中宝贵的资源。

（3）信息源同样不可或缺，包括书籍、文献、数据库、专业网站、在线课程等。这些信息源承载着海量的知识，是知识网络的重要组成部分。学术数据库中收录的大量学术论文，为学者们提供了丰富的研究资料，促进了学术知识的传播和交流。

识别有效节点是构建知识网络的关键一步。需要首先明确知识网络的目标和需求，根据目标和需求确定所需的知识类型和来源。例如，如果是构建一个关于人工智能的知识网络，就需要识别与人工智能相关的专家、研究机构、学术论文数据库、开源项目等节点。同时，要考虑节点的可信度和权威性，优先选择那些在相关领域具有较高声誉和影响力的节点。知名学者的研究成果和专业观点往往具有较高的可信度，能够为知识网络提供可靠的知识支持。

在选择节点时，还需评估节点的知识价值和潜在贡献。可以通过分析节点所提供的知识内容的新颖性、实用性和深度等方面来进行评估。一篇提出全新理论或方法的学术论文，其知识价值和潜在贡献往往较高，应优先纳入知识网络。此外，还要关注节点之间的互补性，选择那些能够相互补充知识和能力的节点，以提高知识网络的多样性和丰富性。在一个跨学科的知识网络中，不同学科领域的节点相互补充，能够激发更多的创新思维和解决方案。

2）连接的建立与强化

知识网络中的连接形式多种多样，主要包括：

（1）人际连接。指人与人之间通过交流、合作、指导等方式建立的关系。这种连接能够促进知识的共享、传播和隐性知识的传递。在工作中，同事之间通过面对面的交流、团队会议、项目协作等方式分享经验和知识，实现知识的传递和增值。

（2）信息连接。指通过信息的传递和共享建立的连接，如通过电子邮件、即时通信工具、社交媒体、知识管理系统、在线数据库等工具实现信息的流通。在互联网时代，人们可以通过各种信息平台轻松获取和分享知识，信息连接变得更加便捷和高效。

（3）概念连接。指知识概念之间的逻辑关联，它反映了知识的内在结构和体系。在学习数学知识时，不同的数学概念之间存在着严密的逻辑关系，通过理解这些概念连接，能够更好地掌握数学知识体系。

连接在知识网络中起着至关重要的作用。它是知识流动的通道，使得知识能够在不同节点之间传递和共享，促进知识的传播和扩散。连接还能够促进知识的整合和创新，不同节点的知识通过连接相互碰撞和融合，产生新的知识和见解。在跨学科研究中，不同学科的知识通过连接相互交叉和渗透，推动了新的研究领域和成果的产生。

为了建立有效的连接，首先要积极拓展人际网络，通过参加学术会议、行业研讨会、专业论坛、社交活动等方式，结识更多的同行、专家和潜在合作伙伴，扩大人际连接的范围。在学术会议上，学者们可以与来自不同地区和机构的同行交流研究成果，建立起新的人际连接。

其次，要充分利用信息技术工具，如在线学习平台、专业论坛、协作软件、社交媒体群组等，提高信息连接的便利性和效率。在线学习平台为学习者提供了丰富的学习资源和交流互动的机会，促进了知识的共享和传播。例如，在电子信息工程专业的教学中，教师可以利用在线课程平台发布课程资料、布置作业、组织讨论，学生可以随时随地进行学习和交流，加强了师生之间、学生之间的信息交流。

再次，要深入研究知识内容，主动挖掘知识概念之间的内在联系，建立清晰的概念连接。在学习过程中，可以通过绘制思维导图、制作概念图、编写知识总结、进行知识卡片关联等方式，梳理知识概念之间的关系，加深对知识体系的理解。

最后，强化连接可以从加强互动交流、建立激励机制等方面入手。定期组织知识分享会、线上研讨会、项目协作等活动，鼓励节点之间积极交流和讨论，增进彼此的了解和信任，从而强化人际连接。建立奖励制度或认可机制，对在知识共享和创新方面表现突出的节点（个人或组织）给予奖励、公开表彰或资源倾斜，激发节点参与知识网络活动的积极性，进一步强化连接。

3）网络结构的优化与拓展

优化知识网络结构可以从多个方面入手。

（1）合理布局节点。根据节点的类型、功能、重要性以及它们之间的关联强度，对节点在网络中的位置进行规划，使知识网络的结构更加清晰、合理，便于知识的定位和流动。在一个企业的知识网络中，可以将核心业务领域或关键决策点的节点放置在相对中心的位置，便于与其他节点进行高效的知识交流和协作。

（2）简化连接路径。识别并减少不必要的、冗余的连接环节，优化信息传递流程，提高知识流动的效率。可以通过优化组织内部的知识管理流程、信息系统架构等，避免信息在传递过程中的失真和延误，确保知识能够快速、准确地到达目标节点。在一个组织内部的知识管理系统中，优化文件共享和沟通流程，减少信息传递的层级，可以提高知识共享的效率。

（3）提高网络的灵活性和适应性。使知识网络能够快速响应外部环境的变化和知识需求的变化。这意味着网络结构不应过于僵化，应具备一定的弹性和可调整性。在面对市场环境的快速变化时，企业的知识网络应能够及时调整结构，整合新的知识资源，以适应市场的需求。例如，设立跨部门的临时项目组，整合不同领域的专家知识来应对特定挑战。

拓展知识网络可以通过引入新的节点和连接来实现。

（4）引入新节点。持续寻找和发现新的知识源和知识主体（个人、组织、信息源等），将其纳入知识网络中，扩大知识网络的覆盖范围和知识多样性。这需要关注行业的最新动态、新兴技术、前沿研究以及潜在的合作机会，及时引入相关的专家、学者、研究机构、初创企业或新的信息平台作为新的节点，为知识网络注入新的活力。

（5）建立新连接。在现有节点之间或新节点与现有节点之间建立新的连接关系。这包括促进人际网络的延伸、拓展信息获取渠道、建立新的协作关系等。

（6）跨界融合。积极探索新的知识领域和应用场景，建立与其他相关领域知识网络的连接和合作，实现知识的跨界融合和创新。例如，在人工智能与医疗领域，建立人工智能知识网络与医疗知识网络之间的连接，可以促进两个领域的知识融合，推动医疗人工智能的发展。

此外，还可以利用大数据、人工智能等技术，对知识网络进行分析和挖掘，发现潜在的节点和连接模式，为知识网络的拓展和优化提供依据。通过对用户行为数据、网络交互数据等的分析，可以发现用户在不同知识领域之间的兴趣关联或潜在的合作可能，从而引导建立相应的知识连接，拓展知识网络的边界。

4. 联通主义视角下知识网络构建的策略与方法

1）基于关键词辐射法的知识网络构建

关键词辐射法是一种以某一核心关键词为中心，向四周辐射关联知识，从而构建知识网络的有效方法。以物理学中的“牛顿第二定律”这一学科知识点为例，其构建步骤具有一定的典型性。

首先，明确核心关键词“牛顿第二定律”，这是整个知识网络的核心节点。牛顿第二定

律的表达式为 $F = ma$，其中 F 表示物体所受的合外力，m 表示物体的质量，a 表示物体的加速度，这是理解该定律的基础物理关系。

围绕这一核心，进行第一层辐射，关联到力、质量、加速度等基本物理概念。力是物体对物体的作用，有重力、弹力、摩擦力等多种类型；质量是物体所含物质的多少，是物体的固有属性；加速度则是描述物体速度变化快慢的物理量。对这些基本概念的深入理解，是构建知识网络的重要基石。

继续向外辐射，拓展到牛顿第二定律的应用场景和衍生概念。在汽车加速、刹车问题中，通过牛顿第二定律可以计算汽车在不同受力情况下的加速度，进而分析汽车的运动状态。在天体运动中，牛顿第二定律与万有引力定律相结合，能够解释行星绕太阳的运动规律。在电梯升降问题中，利用牛顿第二定律可以分析电梯在加速上升、减速上升、加速下降、减速下降等不同阶段，乘客所受的支持力与重力的关系。这些应用场景的拓展，丰富了知识网络的内容，使学习者能够将理论知识与实际问题相结合。还可以辐射到相关的实验设计、测量方法，以及与后续学习（如动量、能量）的关联等。

在构建过程中，要注重知识点之间的逻辑关系和层次结构。从核心关键词出发，按照由浅入深、由简单到复杂的顺序进行辐射，确保知识网络的系统性和连贯性。还需不断挖掘新的关联知识点，及时更新和完善知识网络，以适应知识的不断发展和变化。通过基于关键词辐射法构建知识网络，学习者能够更加深入地理解牛顿第二定律及其相关知识，提高知识的综合运用能力。

2）穿线成珠法在知识网络构建中的应用

穿线成珠法是一种以某一关键线索为引导，将相关知识串联起来，形成完整知识链的方法，在知识网络构建中具有独特的应用价值。以历史学科中“中国古代政治制度的演变”为例，这一关键线索就像一条线，将各个历史时期的政治制度知识串联起来。

从夏朝开始，中国出现了早期的政治制度。禅让制被世袭制取代，这是政治权力传承方式的重大变革，成为知识链上的第一个关键节点。商朝的政治制度在夏朝的基础上有所发展，神权与王权紧密结合，占卜在国家政治生活中占据重要地位，这是知识链上的第二个环节。西周实行分封制和宗法制，分封制将土地和人民分封给诸侯，宗法制则按照血缘关系分配政治权力，这两种制度相互配合，维护了西周的政治稳定，它们共同构成了知识链上的重要环节。随着历史的演进，秦朝建立了中央集权制度，皇帝制度、三公九卿制和郡县制的确立，标志着中国古代政治制度进入了一个新的阶段，这是知识链上的又一个关键节点。汉朝在继承秦朝制度的基础上有所损益，如汉武帝时期推行的推恩令，加强了中央对地方的控制。唐朝实行三省六部制，三省之间相互牵制和监督，提高了行政效率，进一步完善了中央集权制度。宋朝通过一系列措施，如收精兵、削实权、制钱谷等，加强了中央集权，削弱了地方势力。明朝废除丞相制度，设立内阁，进一步强化了皇权。清朝设立军机处，标志着君主专制达到顶峰。

通过“中国古代政治制度的演变”这一线索，将这些不同历史时期的政治制度知识有机地串联起来，形成了一条清晰的知识链。在这个过程中，每个历史时期的政治制度都不是孤立存在的，而是与前后时期的制度有着紧密的联系和传承关系。学习者可以通过这条知识链，清晰地看到中国古代政治制度的发展脉络和演变规律，深入理解不同政治制度产生的背景、特点和影响。这种穿线成珠的方法，不仅有助于知识的记忆和理解，还能培养学习者的历史思维能力，使他们能够从整体上把握历史发展的进程。

3）利用信息技术工具助力知识网络构建

信息技术工具在联通主义视角下的知识网络构建中发挥着至关重要的作用，其中思维导图软件和知识管理平台是两类典型的工具。

思维导图软件，如 XMind、MindManager、MindMeister 等，以其直观的图形化界面和强大的功能，成为构建知识网络的得力助手。在学习过程中，学习者可以使用思维导图软件将知识点以节点和分支的形式呈现出来，清晰地展示知识之间的层次结构和逻辑关系。以学习文学作品为例，学习者可以将作品名称作为中心节点，围绕它展开作者介绍、创作背景、主要人物、故事情节、主题思想、艺术特色等分支。通过这种方式，能够快速梳理作品的关键信息，形成一个完整的知识框架。思维导图软件还支持添加注释、超链接、图片、附件等元素，进一步丰富知识内容。学习者可以在节点上添加对知识点的详细解释，或者链接到相关的参考资料、在线文章、视频等，使知识网络更加充实和生动。思维导图软件的灵活性和可扩展性，使得学习者可以随时根据学习的深入和知识的更新，对知识网络进行修改、补充和完善。

知识管理平台，如 Notion、Confluence、Obsidian、Baklib（注：Baklib 更偏向知识文档发布，此处泛指类平台）等，为知识网络的构建和管理提供了更全面的支持。这些平台能够实现知识的集中存储、分类管理、版本控制和协作编辑。学习者可以将各种类型的知识，如笔记、文档、图片、视频、思维导图、待办事项等，统一存储在平台中，并按照不同的主题、领域或项目进行标签化或结构化分类，方便知识的查找和检索。知识管理平台还具备强大的知识共享和协作功能，学习者可以在平台上与他人分享自己的知识库，参与讨论和评论，共同完善知识网络。在一个科研项目或学习小组中，团队成员可以将各自的研究笔记、实验数据、文献资料、分析报告等上传到知识管理平台，大家可以实时查看、评论、协作编辑，了解项目的进展情况，同时通过讨论区交流想法、解决问题，促进知识的共享和创新。一些知识管理平台还支持插件扩展、与其他工具（如文献管理软件、代码编辑器）的集成，以及权限设置，确保知识的安全性和隐私性，只有授权的人员才能访问和修改相关知识。

5. 联通主义视角下知识网络构建的案例分析

联通主义大规模开放在线课程（connectivist massive open online course，CMOOC）以其独特的教学理念和模式，在知识网络构建方面展现出显著的优势。以一个假设的“互联网+教育：理论与实践的对话”CMOOC 课程为例，该课程吸引了来自不同背景的学习者，包括教育工作者、学生、教育研究者、技术开发者等。

在课程设计上，充分体现了联通主义的理念。课程内容并非预先设定好的固定知识体系，而是通过多种渠道汇聚了丰富的学习资源，如学术论文、行业报告、专家讲座视频、开源项目、教学案例、互动讨论话题等。这些资源作为知识节点，为学习者提供了广泛的知识来源。课程平台更像是一个知识网络的枢纽，而非传统的课程内容容器。

在学习过程中，学习者通过多种交互方式建立连接，形成知识网络。课程设置了开放式的在线讨论区、协作项目、专家问答、学习资源推荐等模块。在讨论区中，学习者围绕课程主题展开热烈讨论，分享自己的观点、实践经验、遇到的困惑和解决方案。他们针对互联网教育的发展趋势、教学模式创新、技术工具应用、教育公平等话题各抒己见，通过回复、点赞、引用等行为，建立起人际连接。在协作项目中，学习者组成兴趣小组，共同完成一个关于特定互联网教育主题的深度调研报告或解决方案设计。在小组内部，成员之间分工合作，有的负责收集资料，有的负责数据分析，有的负责撰写报告，有的负责制作演示文稿。通过这种协作，学习者不仅在知识层面上相互交流和补充，还在实践技能、团队协作等方面相互学习和提升，进一步强化了人际连接。课程还可能邀请行业专家或学者作为“连接者”或“话题引导者”，在特定时间进入讨论区，与学习者互动交流，分享最新见解，促进高质量连接的形成。

通过这些知识网络构建策略，该 CMOOC 课程取得了良好的学习效果。学习者的知识水平得到了显著提升，他们不仅掌握了“互联网 + 教育”领域的专业知识，还能够将这些知识应用到实际工作和学习中。学习者的创新能力也得到了激发，在知识网络的交互过程中，不同背景、不同观点的碰撞和融合，促使学习者产生新的想法和解决方案。例如，在讨论在线学习平台的设计时，有学习者结合自己的教学经验和技术背景，提出了一种结合游戏化学习、个性化推荐和社群互动的创新教学模式，得到了其他学习者和课程主持教师的认可。学习者的社交能力也得到了锻炼，他们结识了来自不同地区、不同行业、不同文化背景的同行，拓展了自己的人际网络，为今后的学习和工作积累了宝贵的人脉资源。

6. 知识网络构建面临的挑战与应对策略

在知识网络构建过程中，会面临一些挑战。

1）知识碎片化

随着互联网的发展，信息爆炸式增长，知识以零散的形式分布在各种平台和载体上。在学术领域，大量的研究成果分散在不同的数据库、学术期刊、会议论文、预印本平台等处，这些知识片段缺乏有效的整合，使得研究者难以全面、系统地获取和利用相关知识。知识碎片化还导致知识的理解和应用变得困难，学习者需要花费大量时间和精力去筛选、整理和关联这些零散的知识，增加了学习成本，降低了学习效率。

应对策略：需要整合知识资源，建立统一或半统一的知识管理平台。通过对不同来源、不同格式的知识进行收集、整理、分类、标签化，将碎片化的知识纳入一个有序的体系中。利用元数据技术对知识进行标注和索引，方便知识的检索和关联。建立知识图谱，以图形化的方式展示知识节点及其关系，帮助用户更好地理解和利用知识。例如，开发综合性的学科知识平台或利用现有的开放获取资源平台，整合各类学术资源，并提供智能推荐和关联功能，帮助学生和研究者构建更系统的知识网络。

2）连接不稳定

知识网络中的连接受到多种因素的影响，可能变得不稳定。信息源的可靠性可能随时间变化，网络技术的稳定性可能受环境影响，人际关系也可能因工作变动、兴趣转移等原因而变化。例如，如果某个重要的外部信息源（如一个经常访问的学术网站）突然关闭或改版，或者一位经常请教的关键导师调离岗位，相关的知识连接就可能中断。这种连接的不稳定性会影响知识的持续获取和网络的稳定性。

应对策略：应建立备份信息源，当主信息源出现问题时，能够及时切换到可靠的替代源，确保知识连接的连续性。加强对信息源的评估和筛选，选择那些长期稳定、更新及时、内容可靠的信息源。对于人际连接，要建立和维护良好的沟通机制和合作文化，加强成员之间的信任和协作，减少因人际关系变化对知识连接的影响。例如，在团队中建立知识传承机制，培养新人，避免因个别成员离开导致知识断层。利用技术手段（如定期备份、使用可靠的通信工具）保障信息连接的稳定性。

3）网络结构复杂，难以管理和优化

随着知识网络规模的扩大，节点和连接数量急剧增加，网络结构变得异常复杂。在一个大型的组织或社区中，涉及多个知识领域和众多参与者，知识网络中的节点（人员、部门、项目、知识库等）和连接（协作关系、信息流、知识共享等）错综复杂，既有正式的，也有非正式的。这种复杂性增加了知识管理的难度，使得知识的查找、更新、利用变得困难，可能导致知识孤岛或信息过载。

应对策略：运用大数据和人工智能技术，对知识网络进行分析和挖掘，发现网络中的关键节点、核心连接和潜在结构，从而有针对性地进行管理和优化。例如，通过社交网络分析（SNA）识别组织内部知识共享的关键人物和核心团队。建立知识网络的可视化模型，直观地展示网络结构和知识流动情况，帮助管理者或学习者理解网络现状，发现优化点。制定知识管理策略，明确知识分类、权限设置、更新机制等，使知识网络的管理更加规范和高效。鼓励自组织，同时辅以适当的引导，使网络在保持活力的同时，避免过度复杂化。

7. 应对策略与建议

针对上述挑战，提出以下策略与建议。

1）整合与结构化

通过建立知识管理平台、知识图谱、统一信息门户等方式，整合分散的知识资源，将其结构化、系统化，减少知识碎片化带来的困扰。提供智能搜索、关联推荐等功能，帮助用户快速定位和关联知识。

2）强化与备份

主动识别并强化关键连接，特别是核心人员、核心信息源和核心协作关系。建立重要知识、信息源和连接的备份机制，降低连接中断的风险。培养知识传承和继任计划，确保组织或网络中知识的连续性。

3）技术赋能与智能管理

积极利用大数据、人工智能、网络分析等技术工具，对知识网络进行监控、分析、优化。利用可视化工具呈现网络结构，辅助决策。开发或使用智能知识管理平台，实现自动化分类、关联、推荐，提升管理效率。

4）文化与机制建设

在组织或社区层面，倡导开放、共享、协作的文化氛围，鼓励成员积极参与知识网络的构建和维护。建立合理的激励机制（如认可、奖励、晋升挂钩），促进知识共享和连接建立。制定清晰的知识管理政策，明确责任和流程。

5）持续学习与适应

认识到知识网络是动态演化的，需要持续投入时间和精力进行维护和更新。鼓励成员培养持续学习的能力，适应知识快速变化带来的挑战。定期审视和调整知识网络的结构和策略，保持其活力和有效性。

通过综合运用这些策略，可以有效应对知识网络构建中的挑战，更好地发挥知识网络在联通主义学习中的作用，促进知识的有效传播、创新和应用。

2.2 混合式教学模式创新

高职教育作为我国高等教育体系的重要组成部分，肩负着培养适应社会经济发展需求的高素质技术技能人才的重任。在当前社会对人才需求日益多元化、技术更新迭代加速的背景下，传统的高职教育教学模式逐渐显现出一些局限性，例如教学方式相对单一、学生学习主动性有待提升、实践教学环节相对薄弱等，这些因素共同制约了人才培养质量的进一步提升，难以完全满足新时代对技术技能人才的需求。

混合式教学模式应运而生，它是一种将传统面对面教学与在线学习有机结合的新型教学模式。该模式充分发挥了线上教学在时空灵活性、资源丰富性方面的优势，以及线下教学在师生互动、实践操作方面的长处，实现了教学资源的优化配置和教学方式的多元化。这种教学模式不仅能够突破传统教学在时间和空间上的限制，使学生可以更灵活地安排学习，还能通过丰富的数字资源和学习工具，有效激发学生的学习兴趣和内在驱动力，有助于实现因材施教，满足不同学生的学习需求和能力差异。

混合式教学的核心在于深度融合线上与线下两种教学组织形式，实现优势互补。其目标是通过协同作用，引导学生从浅层学习逐步走向深度学习。在这种模式下，学生既能在课堂上与教师和同学进行面对面的深入交流，获得及时的指导与反馈，又能利用网络平台，依据自身的学习进度和兴趣点，自主选择学习内容和时机，从而实现更具个性化的学习路径。

混合式教学的内涵丰富且多维，其根本出发点是“以学生为中心”，高度关注学生的个体差异和学习需求，致力于提供更加个性化的学习体验。它强调对多种教学资源的有效整合，既包括线上的教学视频、电子教材、在线测验、虚拟仿真实验等数字化资源，也涵盖线下的纸质教材、实物教具、实验室、实训基地等传统教学资源，共同构建一个全方位、多层次的学习环境。这种教学模式特别注重培养学生的自主学习能力、协作学习能力以及创新思维能力。通过线上自主探究、线下小组研讨、项目化实践等多种教学活动的有机结合，能够有效激发学生的学习兴趣和主动性，引导他们积极参与学习过程，主动探索知识，提升解决实际问题的能力。此外，混合式教学还特别强调教学过程中的互动性，利用在线平台的讨论区、即时通信工具以及线下的课堂互动、小组合作等形式，促进师生之间、学生之间的实时交流与思想碰撞，从而深化知识的内化与共享，提升整体学习体验和效果。

混合式教学模式展现出诸多显著特点与优势，为教育教学实践注入了新的活力，推动了教学模式的有效变革。

1. 灵活性与便捷性

混合式教学有效打破了传统教学在时间和空间上的固有约束。学生可以根据自己的学习计划和实际情况，灵活安排学习时间，随时随地通过网络访问学习资源，进行课程学习。无论是在家中、图书馆，还是通过移动设备在外，只要有网络连接，学生就能便捷地开展学习，有效利用碎片化时间，避免了因时间或地点冲突而错失学习机会。例如，学生可以利用课余时间通过手机观看教学视频进行预习或复习，也可以在假期参与线上学习活动，与教师和同学保持交流互动。

2. 个性化学习支持

该模式能够更好地适应并满足不同学生的学习需求和学习风格。在线学习平台允许学生根据自己的学习进度、知识基础和能力水平，自主选择学习内容和学习路径，实现个性化的学习进程。平台还能基于学生的学习数据（如学习时长、测验成绩、讨论参与度等），分析其学习行为和特点，为学生提供更具针对性的学习建议和资源推荐。对于基础相对薄弱的学生，平台可推送更多基础性讲解和练习；对于学有余力的学生，则可推荐拓展性阅读材料和挑战性任务，确保每个学生都能在适合自己的节奏下学习，充分发挥自身潜力，提升学习成效。

3. 丰富的学习资源

混合式教学整合了线上与线下两方面的丰富教学资源。线上资源通常包括大量优质的课程视频、电子图书、学术文献、案例分析、虚拟仿真实验平台等，这些资源形式多样、内容生动，能够满足学生多样化的学习需求，并帮助他们接触更广阔的知识领域。线下资源则包括传统的纸质教材、课堂讲授、面对面的小组讨论、实验室操作、企业实践等，为学生提供了必要的实体互动和实践操作机会。通过线上线下资源的有机结合，学生可以从不同维度、不同层面接触和理解知识，加深对知识的掌握和应用。例如，在学习一门专业课程时，学生可以先通过线上视频初步了解基本概念和理论，然后在课堂上与教师和同学深入探讨疑难问题，最后通过线下实验或实训操作来巩固知识、提升技能。

4. 提升学习效果

混合式教学通过综合运用多种教学方法和手段，能够有效激发学生的学习兴趣和内在动力，进而提升整体学习效果。线上学习环节有助于培养学生的自主学习能力和独立思考能力；线下教学环节则通过面对面的互动交流，能够及时解答学生的疑问，加深其对知识的理解和记忆。小组讨论、项目合作等教学活动能有效锻炼学生的团队协作能力和沟通表达能力，促进知识共享和思维碰撞。此外，线上测试、作业提交与反馈等功能，使教师能够更及时、全面地了解学生的学习状况，对学习过程进行有效监控和评估，并据此提供更具针对性的指导和支持，帮助学生调整学习策略，优化学习路径，最终提升学业成绩。

5. 促进互动与合作

混合式教学模式为师生之间、学生之间的互动与合作提供了更多元、更便捷的渠道。在线学习平台通常配备讨论区、论坛、即时通信等工具，方便学生随时向教师请教、与同学交流讨论，分享学习心得，教师也能及时给予反馈和指导。线下的课堂互动、小组合作学习、项目实践活动等，让学生在面对面交流中，学会倾听、沟通与协作，提升团队协作能力和人际交往能力。这种线上线下相结合的互动与合作机制不仅有助于学生更深入地掌握知识，还能有效培养学生的社交能力和综合素质，为其未来的职业发展和社会适应奠定坚实基础。

2.2.1 BOPPPS 模型与翻转课堂的融合

1. BOPPPS 模型

BOPPPS 模型起源于 20 世纪 70 年代加拿大英属哥伦比亚省的教师教学技能工作坊（instructional skills workshop，ISW）项目，最初主要应用于教师培训。该模型将一次教学单元或课程设计划分为六个相互关联的阶段：导入（bridge - in）、学习目标（objectives/outcomes）、前测（pre - assessment）、参与式学习（participatory learning）、后测（post - assessment）和总结（summary）。BOPPPS 模型强调学生的全程参与以及教学过程中对学生学习情况的及时反馈。随着教育理念的更新和对教学实践的深入探索，BOPPPS 模型逐渐从教师培训领域扩展到各类教育教学场景。

在国外，众多高校和教育机构积极采用 BOPPPS 模型进行课程设计和教学改革，取得了显著成效。例如，美国的一些高校在工程、医学等专业课程中应用该模型：精心设计的导入环节能吸引学生注意力，明确的学习目标引导学生方向，参与式学习环节促进学生主动思考和团队协作，从而有效提升了学生的学习积极性和学习效果。在国内，BOPPPS 模型也受到了越来越多教育工作者的关注和认可。自 2012 年起，相关研究文献数量逐年增加，许多高校和职业院校开始尝试将 BOPPPS 模型应用于教学实践。特别是在高等教育、医学教育、计算机科学及应用等学科领域，BOPPPS 模型的应用案例不断涌现。据统计，截至 2023 年，国内关于 BOPPPS 模型的研究文献已超过 1800 篇，涵盖了教学设计、教学模式、教学改革等多个方面。

BOPPPS 模型以建构主义学习理论为重要理论基础。建构主义认为，学习者是知识的主动建构者，而非被动的信息接收者。知识并非通过教师的简单传授而被接受，而是在特定的情境（即社会文化背景）中，学习者借助他人（包括教师和学习伙伴）的帮助，利用必要的学习资料，通过意义建构的方式获得。

BOPPPS 模型的六个要素都体现了建构主义学习理论的思想。在导入（bridge - in）环节，通过创设与学生已有知识和生活经验相关的情境，激发其学习兴趣和好奇心，为后续的知识建构搭建“脚手架”。例如，在讲解数学函数概念时，教师可引入生活中常见的出租车计费问题，让学生感受函数的实际应用，从而引发探究欲望。

明确的学习目标（objectives/outcomes），为学生的知识建构指明了方向，使其清楚了解预期达成的知识和技能。目标设定过程充分考虑学生的认知水平和能力发展需求，这体现了建构主义“以学生为中心”的理念。

前测（pre - assessment）环节有助于教师了解学生已有的认知结构和知识基础，这是学生进行知识建构的起点。教师依据前测结果调整教学内容和方法，能更好地满足学生的学习需求，促进其知识建构。例如，在教授化学氧化还原反应时，若前测发现学生对化合价概念理解不清，教师可先复习相关内容，为学生理解氧化还原反应本质做好铺垫。

参与式学习（participatory learning）环节是建构主义思想在 BOPPPS 模型中的集中体现。通过小组讨论、案例分析、项目式学习等多种互动方式，学生在与教师、同学的交流互动中，不断对新知识进行同化和顺应，从而构建起自己的知识体系。例如，在历史课教学中，组织学生对某一历史事件进行小组讨论，每个学生从不同角度发表看法，通过交流碰撞，能更全面、深入地理解事件背景、过程与影响，丰富历史认知。

后测（post - assessment）和总结（summary）环节则是对学生知识建构成果的检验与巩固。后测帮助教师了解学生对知识的掌握程度和建构效果，为后续教学调整提供依据；总结环节引导学生梳理和整合所学知识，将其纳入已有认知结构，完善知识体系。例如，在语文写作教学中，教师通过批改作文（后测）了解学生在写作技巧、语言表达等方面的掌握情况，然后在课堂总结中针对普遍问题进行讲解指导，帮助学生提高写作能力，巩固知识建构成果。

近年来，BOPPPS 模型在国内外教育领域得到了广泛的应用和推广，覆盖基础教育到高等教育的多个阶段，涉及众多学科领域，取得了显著的教学效果。

在基础教育阶段，BOPPPS 模型被应用于语文、数学、英语等核心学科以及科学、艺术等特色学科。例如，在小学数学教学中，教师运用 BOPPPS 模型设计教学：导入环节播放有趣动画视频展示生活中的数量变化，引出运算概念；明确目标后，通过前测了解加减法掌握情况；参与式学习环节组织小组合作游戏巩固技能；后测通过课堂小测验检验效果；总结环节引导学生回顾重点，加深理解。这种教学方式有效提高了学生的学习积极性和课堂参与度，使学生在轻松氛围中掌握知识。

在高等教育领阶段，BOPPPS 模型在专业课程教学中作用显著。以计算机科学专业的数据结构课程为例：导入环节展示数据结构在搜索引擎等实际应用中的重要性；明确目标后，通过在线测试平台进行前测，了解学生编程基础和算法思维；参与式学习环节组织项目实践，让学生编写代码实现数据结构操作，培养实践与协作能力；后测结合项目验收和考试评估成果；总结环节引导学生梳理知识，总结经验，为后续学习奠基。此模式不仅提升了专业知识水平，也增强了学生的创新与问题解决能力。

在医学教育领域，BOPPPS 模型同样应用广泛。例如，在解剖学教学中：导入环节展示人体解剖标本图片或视频；明确目标后，通过课堂提问进行前测；参与式学习环节组织小组讨论和实际操作，亲身体验解剖过程；后测结合实验考核与理论考试；总结环节回顾重点知识，强调操作规范与职业道德。此方法使学生能更好地掌握解剖学知识与技能，提高了医学教育质量。

此外，BOPPPS 模型在职业教育、成人教育等领域亦有诸多应用。在职业教育的汽车维修专业中，教师运用该模型：通过汽车故障案例导入；明确目标后，通过实际操作前测了解技能水平；参与式学习环节组织维修实践；后测通过实际维修考核评估效果；总结环节引导学生总结经验与注意事项。在成人教育的计算机培训中，教师通过展示计算机应用的广泛性导入；明确目标后，通过问卷调查进行前测了解基础；参与式学习环节组织操作练习与小组讨论；后测通过操作考核和项目验收；总结环节回顾知识，鼓励持续学习。

BOPPPS 模型在教育领域的广泛应用，为提高教学质量、促进学生全面发展提供了有力支持。随着教育理念的不断更新和教育技术的持续发展，BOPPPS 模型将在教育领域发挥更加重要的作用。

2. 翻转课堂

翻转课堂的理念最早可追溯至 20 世纪 90 年代，但其在全球范围内的广泛关注和快速发展则始于 2011 年。翻转课堂打破了传统教学中“课上讲授知识、课后完成作业”的模式，将知识的传授环节置于课外，学生通过观看教学视频、阅读资料等方式进行自主学习；而课堂时间则主要用于组织学生进行讨论、实践，以及教师的答疑与指导，实现了学习过程的时空翻转。在全球化背景下，翻转课堂迅速传播至全球各地。国外许多学校和教育机构纷纷开展实践，例如，美国林地公园高中的化学课采用翻转课堂模式后，学生的学习成绩得到显著提升，学习兴趣和自主学习能力也得到极大激发。在中国，随着教育信息化进程的推进和教育改革的深化，翻转课堂逐渐成为教育领域的研究热点和实践方向。自 2012 年引入我国以来，翻转课堂借助教育改革的东风，引起了学术界的广泛关注。通过检索中国知网（CNKI）数据库以“翻转课堂”为主题词，可发现大量核心期刊文献，其研究内容广泛涉及翻转课堂在不同学科、不同教育阶段的应用，以及与其他教学模式的融合等议题。

BOPPPS 模型与翻转课堂虽然属于两种不同的教学模式，但它们在教育理念上具有高度的一致性，均强调以学生为中心，注重学生的主动参与和自主学习。将这两种模式进行融合，能够充分发挥各自的优势，为高职教育教学改革提供新的思路和方法。具体而言，BOPPPS 模型提供的结构化教学框架，能够为翻转课堂的教学设计提供清晰的指引，使翻转课堂的教学过程更加有序、高效；而翻转课堂所倡导的自主学习和课堂互动模式，则能为 BOPPPS 模型中的参与式学习环节注入更多实践形式和丰富的教学资源，进一步增强学生的学习体验和学习效果。这种融合模式对于应对高职教育当前面临的教学挑战、提升教学质量、培养学生的综合职业能力具有潜在的重要价值，有望成为未来高职教育教学改革的重要发展方向。

3. BOPPPS 模型与翻转课堂融合的可行性

1）教学目标高度一致

BOPPPS 模型与翻转课堂在教学目标上高度契合，两者均以促进学生的全面发展为核心，致力于培养其自主学习能力和提升综合素养。

在培养自主学习能力方面，BOPPPS 模型通过明确的学习目标设定，使学生清晰了解学习方向，从而激发其自主探索的欲望。例如，在计算机编程课程中，依据 BOPPPS 模型，教师会在课程开始时清晰阐述学习目标，如需掌握的编程语言语法、能够独立完成的程序设计任务等。学生依据这些目标，在参与式学习环节主动查阅资料、尝试编写代码，积极探索解决问题的方法，逐步培养起自主学习能力。翻转课堂则将知识传授环节置于课前，学生在课前通过观看教学视频、阅读电子文档等自主学习资源，按自己的节奏学习新知识。这一过程要求学生主动规划学习时间、管理学习进度，并自主寻求解决问题的途径，这为学生提供了广阔的自主学习空间，极大地锻炼了其自主学习能力。以数学课程的翻转课堂为例，学生课前观看教师制作的教学视频，视频中详细讲解数学概念和解题方法。学生可随时暂停、回放，自主思考和理解知识点。遇到疑问时，可通过在线论坛与同学交流或查阅相关资料，这种自主学习过程有助于学生养成独立思考和自主探索的习惯。

在提升综合素养方面，BOPPPS 模型的参与式学习环节采用小组讨论、案例分析、角色扮演等多样化教学方法，为学生提供了丰富的实践机会。小组讨论中，学生各抒己见，分享观点，通过思维碰撞加深知识理解，同时学会倾听、尊重不同观点，培养了团队协作和沟通能力。例如，在市场营销课程的小组讨论中，学生针对某产品市场推广方案展开讨论，从市场定位、目标客户分析到推广渠道选择等角度提出建议，并在协调中共同制定方案，有效提升了团队协作和沟通能力。案例分析则引导学生运用所学知识解决实际问题，培养其问题解决能力和创新思维。如管理学课程中，学生分析企业实际管理问题并提出解决方案，需综合运用理论知识结合实际情况进行分析思考，从而锻炼相关能力。翻转课堂同样注重综合素养提升，课堂时间主要用于讨论、实践和答疑。学生积极参与小组项目、实践操作，将知识应用于实践，提升实践能力和问题解决能力。例如，工程类专业的翻转课堂中，学生进行实验操作、项目设计，动手掌握专业技能，提高解决实际问题的能力。课堂互动也锻炼了学生的表达能力和批判性思维。如文学课程讨论中，学生分析作品主题、人物形象并发表见解，需要清晰表达和深入思考，培养了相关能力。

BOPPPS 模型与翻转课堂在培养学生自主学习能力和提升综合素养方面的目标一致性，为两者的融合奠定了坚实基础。通过融合，能够充分发挥各自优势，为学生提供更优质的教育教学服务，促进其全面发展。

2）两种模式优势互补

BOPPPS 模型的结构化设计与翻转课堂的自主学习模式具有显著的优势互补性，两者的融合能为教学带来更高效的效果。

BOPPPS 模型的结构化设计为教学提供了清晰的框架和流程。其六个要素（导入、目标、前测、参与式学习、后测、总结）紧密相连，从导入环节吸引学生注意力、激发兴趣，到目标环节明确方向，再到前测了解学生基础，参与式学习促进知识掌握，后测检验效果，最后总结梳理知识，形成完整的教学闭环。这种设计使教学过程条理清晰，便于教师组织教学内容和活动，确保教学目标实现。例如，在医学解剖学教学中，教师可通过展示模型或影像导入，激发兴趣；明确学习目标后，通过前测了解学生认知程度；参与式学习环节组织小组讨论、观察标本等活动，深化理解；后测通过测验或案例分析检验掌握情况；总结环节回顾重点，梳理体系，巩固记忆。

翻转课堂的自主学习模式则赋予学生充分的自主学习和实践空间。学生可按个人节奏课前学习，满足个性化需求。课堂时间的重新分配，使学生有更多机会进行互动交流和动手实践。例如，在计算机编程翻转课堂中，学生课前自主学习语法和技巧，课堂上以小组形式进行项目实践，合作完成编程任务，交流思路，解决问题。这种模式提高了学习积极性和主动性，培养了团队协作和解决实际问题的能力。

当 BOPPPS 模型与翻转课堂融合时，BOPPPS 的结构化设计能为翻转课堂的教学设计提供有力支撑。课前，教师可依据 BOPPPS 的前测环节，精准把握学生基础和需求，推送个性化学习资源，引导有针对性地自主学习。课中，BOPPPS 的参与式学习理念可与翻转课堂的互动相结合，设计小组讨论、项目展示、案例分析等活动，促进深度学习和知识应用。课后，BOPPPS 的总结和后测环节有助于教师及时评估学习效果，提供反馈指导，巩固学习成果。例如，在物理学融合教学中，教师课前通过在线测试了解概念掌握情况，推送针对性视频和习题；课堂上组织小组讨论实验现象，结合 BOPPPS 参与式学习，指导学生进行实验操作和数据分析；课后布置作业和小测验检验效果，并引导学生总结回顾。

BOPPPS 模型的结构化设计与翻转课堂的自主学习模式相互补充，能够优化教学过程，提升教学质量，促进学生全面发展。

3）实践契合度高

在高职教学实践中，BOPPPS 模型与翻转课堂的融合展现出良好的适应性和可操作性，能有效满足高职教育的教学需求。

高职教育具有鲜明的职业性和实践性特点，注重培养实际操作能力和职业素养。BOPPPS 与翻转课堂的融合能紧密贴合这些特点，为高职教学提供有力支持。在课程内容设计上，融合模式可根据高职课程需求灵活调整。例如，在机械制造专业课程中，教师可利用 BOPPPS 的前测了解学生对机械原理、制图等基础知识的掌握情况，然后依据翻转课堂模式，课前提供个性化的学习资源（如制造工艺视频、虚拟仿真软件），让学生自主学习。课堂上，依据 BOPPPS 的参与式学习理念，组织小组讨论、实操演练，共同解决制造问题，提升实践能力。例如学习零件加工工艺时，学生可在课前观看视频、操作仿真软件了解流程要点；课堂上分组实操，协作探讨优化工艺、提高精度和质量的方法，教师在一旁指导答疑。

在教学资源利用方面，融合模式有利于整合各类资源，提供丰富多样的学习渠道。高职教育拥有大量数字化资源（如在线平台、视频库、虚拟实验室等)。融合模式下，教师可将其融入教学各环节：课前上传视频、电子教材至平台供学生自主学习；课堂上利用虚拟实验室开展难以在实际实验室进行的操作，增强体验。例如，电子信息工程专业教学中，教师可利用虚拟示波器、信号发生器等设备，让学生进行电路仿真实验，观察电路状态和信号变化，深化对原理的理解。同时，教师可通过在线平台组织讨论交流，分享心得，提升学习效果。

在教学评价方面，融合模式能推动构建多元化评价体系。传统高职评价常侧重期末考试，难以全面反映学习过程和综合素质。融合模式下，评价更注重过程性和多元化。教师可结合 BOPPPS 的后测，以及学生在课前自主学习、课堂参与、小组合作等方面的表现进行综合评价。例如，市场营销专业评价中，不仅看期末成绩，还评价课前市场调研任务完成情况、课堂讨论参与度、团队协作能力、项目实践表现等。多元化评价能更准确地了解学生情况，提供针对性反馈指导，促进全面发展。

BOPPPS 模型与翻转课堂的融合在高职教学实践中契合度高，能从课程内容设计、资源利用、教学评价等多方面满足高职教育需求，为提升高职教学质量提供有效途径。

4. 融合模式的设计原则

1）以学生为中心

在 BOPPPS 模型与翻转课堂融合的教学模式中，以学生为中心的原则贯穿于教学的各个环节，是实现有效教学的核心准则。这一原则要求教师充分关注学生的个体差异、学习需求和学习风格，将学生的发展置于教学的首位。

在实际教学中，教师应深入了解学生的知识基础、兴趣爱好和学习能力。例如，在进行课程设计之前，可通过问卷调查、访谈等方式，了解学生对即将学习内容的了解程度和兴趣点。对于基础薄弱的学生，教师可以在课前提供更多的基础知识讲解视频和有针对性的练习题，帮助他们弥补知识漏洞；对于学习能力较强的学生，则可以提供一些拓展性的学习资源，如相关领域的前沿研究文献、实际案例分析等，满足他们的学习需求，激发他们的学习潜力。

教师还应根据学生的学习风格调整教学方法和策略。视觉型学习风格的学生对图像、色彩、图表等视觉信息敏感，教师可以在教学中多运用图片、视频、PPT 等教学资源，帮助他们更好地理解知识。例如，在讲解历史事件时，展示相关的历史图片和地图，让学生更直观地感受历史背景和事件发展过程。听觉型学习风格的学生更擅长通过听来学习，教师可以录制讲解音频，让学生在课后反复收听，加深对知识的理解。动觉型学习风格的学生喜欢通过身体活动来学习，教师可以设计一些实践活动、实验操作或小组讨论，让他们在实际操作和互动中掌握知识。例如，在科学实验课程中，让学生亲自参与实验操作，通过动手实践来验证理论知识，以提高他们的学习积极性和参与度。

在教学过程中，教师应鼓励学生积极参与教学活动，发挥他们的主观能动性。在参与式学习环节，教师可以组织小组讨论、项目合作等活动，让学生在互动中相互学习、共同进步。在小组讨论中，每个学生都有机会发表自己的观点和想法，通过与小组成员的交流和碰撞，拓宽思维视野，提高解决问题的能力。同时，教师要给予学生充分的自主权，让他们自主选择学习方式和学习进度。在课前自主学习阶段，学生可以根据自己的时间和学习节奏，选择合适的学习资源进行学习。对于已经掌握的知识点，学生可以快速浏览，将更多的时间和精力放在自己薄弱的环节上，实现个性化学习。

以学生为中心的原则要求教师始终关注学生的需求和发展，通过多样化的教学方法和策略，激发学生的学习兴趣和主动性，促进学生全面发展。

2）目标导向原则

目标导向原则是 BOPPPS 模型与翻转课堂融合教学的重要指引，它确保教学活动紧密围绕既定目标展开，使教学过程具有明确的方向和可衡量的标准。

在教学设计之初，教师应依据课程标准、专业培养目标以及学生的实际情况，制定清晰、具体、可操作的教学目标。教学目标应涵盖知识与技能、过程与方法、情感态度与价值观三个维度，体现全面发展的教育理念。以计算机编程课程为例，知识与技能目标可以设定为学生能够熟练掌握某种编程语言的语法结构、常用函数和算法，能够独立编写具有一定功能的程序；过程与方法目标为学生通过自主学习、小组合作和项目实践，培养问题分析、算法设计和程序调试的能力，掌握编程的基本方法和流程；情感态度与价值观目标则是激发学生对编程的兴趣和热情，培养学生的创新思维、团队协作精神和严谨的科学态度。

在教学过程中，教师要依据教学目标精心设计教学活动。在导入环节，教师通过创设与教学目标相关的情境，引发学生的兴趣和好奇心，为后续的学习做好铺垫。例如，在讲解数学函数知识时，教师可以通过展示生活中函数的应用实例，如股票价格走势、物体运动轨迹等，引出函数的概念和作用，使学生明白学习函数的实际意义，从而激发他们的学习动力。在参与式学习环节，教师应根据教学目标设计多样化的教学活动，如小组讨论、案例分析、项目实践等，让学生在实践中掌握知识和技能，实现教学目标。例如，在管理学课程的教学中，为了实现培养学生解决实际管理问题能力的教学目标，教师可以提供一些企业实际面临的管理案例，组织学生进行小组讨论，分析案例中的问题，并提出相应的解决方案。通过这种方式，学生不仅能够加深对管理理论知识的理解，还能提高运用知识解决实际问题的能力。

教学目标也是教学评价的重要依据。教师应根据教学目标制定相应的评价标准和方法，对学生的学习成果进行全面、客观、准确的评价。在评价过程中，不仅要关注学生对知识和技能的掌握程度，还要考查学生在学习过程中的表现，如学习态度、参与度、团队协作能力等。通过评价，及时发现学生在学习过程中存在的问题和不足，为教师调整教学策略和方法提供依据，确保教学目标的顺利实现。

目标导向原则贯穿于教学的始终，它为教学活动提供了明确的方向和动力，有助于提高教学的针对性和有效性，促进学生的学习和发展。

3）互动性原则

互动性原则在 BOPPPS 模型与翻转课堂融合教学中具有重要地位，它强调通过增加师生、生生之间的互动，营造积极活跃的学习氛围，促进学生的学习和成长。

在课堂教学中，教师应积极引导学生参与互动。在 BOPPPS 模型的参与式学习环节，教师可以采用多种互动方式，如提问、小组讨论、角色扮演和案例分析等。提问是一种常见且有效的互动方式，教师可以通过提问引导学生思考，激发学生的思维。例如，在讲解物理知识时，教师可以提问："为什么汽车在刹车时，速度会逐渐减小?"通过这个问题，引导学生运用所学的牛顿第二定律进行分析和思考，加深对知识的理解。小组讨论则可以促进学生之间的思想交流和碰撞，培养学生的团队协作能力和沟通能力。例如，在文学课程的教学中，教师可以组织学生就某一文学作品的主题、人物形象等进行小组讨论，每个学生都可以发表自己的观点和看法。通过讨论，学生能够从不同的角度理解作品，拓宽思维视野。

教师还应注重与学生的情感互动，建立良好的师生关系。在课堂上，教师要关注学生的情感需求，尊重学生的个性和想法，鼓励学生积极表达自己的观点。当学生回答问题时，教师要给予积极的反馈和鼓励，增强学生的自信心和学习动力。即使学生回答错误，教师也应以引导和启发的方式帮助学生找到正确的答案，而不是批评指责。教师还可以通过眼神交流、微笑、点头等方式，向学生传递关注和支持，营造轻松愉快的学习氛围。

生生互动也是互动性原则的重要体现。学生之间的互动可以促进他们相互学习、共同进步。在小组合作学习中，学生分工协作，共同完成学习任务。例如，在完成一个项目时，有的学生负责收集资料，有的学生负责数据分析，有的学生负责撰写报告，通过合作，学生们不仅能够提高自己的专业能力，还能学会如何与他人合作，培养团队精神。此外，学生之间的互评也是一种有效的互动方式。在作业或项目完成后，教师可以组织学生进行互评，让学生从他人的角度发现自己的优点和不足，学习他人的长处，提高自己的学习水平。

互动性原则通过促进师生、生生之间的互动，能够激发学生的学习兴趣和积极性，提高学生的参与度和学习效果，培养学生的综合素质。

4）评价多元化原则

评价多元化原则是 BOPPPS 模型与翻转课堂融合教学的重要保障。它通过采用多种评价方式，旨在全面、客观、准确地评估学生的学习成果，为教学改进和学生发展提供有力支持。

在融合教学模式下，评价主体应实现多元化。除了教师评价，还应积极引入学生自评和互评。教师评价具有专业性和客观性，教师能够依据教学目标和评价标准，对学生在知识掌握、技能运用、学习态度等方面的状况进行全面评价。例如，在评价学生的作文时，教师可从内容、结构、语言表达、书写规范等多个维度进行评价，并给出具体的评语和建议，以帮助学生提升写作水平。学生自评则有助于培养其自我反思和自我管理能力。学生在学习过程中，通过对自身学习过程和成果进行反思与评价，能够识别自身的优点与不足，进而调整学习策略。例如，在完成一个项目后，学生可从项目完成情况、团队协作表现、问题解决方法等方面进行自我评价，总结经验教训，促进自身成长。学生互评则能促进学生间的相互学习与交流。在互评过程中，学生能从他人视角审视问题，学习他人长处，发现自身不足。例如，在绘画课程中，学生互相评价作品，能够学习不同的绘画技巧和表现手法，拓宽艺术视野。

评价方式也应注重多样化。除了传统的终结性评价（如考试），还应特别注重过程性评价，包括课堂表现评价、作业评价、项目评价等。终结性评价能在一定程度上检验学生对知识的掌握程度，但具有一定的局限性。过程性评价则更关注学生的学习过程，能够及时发现学生在学习过程中存在的问题与进步。课堂表现评价可关注学生的参与度、发言质量、团队协作能力等方面。例如，在课堂讨论中，教师可观察学生发言的积极性、观点的新颖性以及倾听他人意见的态度，并给予相应评价。作业评价不仅要关注作业的完成情况，还应评价学生的思考过程和创新能力。对于开放性作业，教师应鼓励学生发挥想象力，提出独特见解。项目评价则侧重评价学生在项目实施过程中的综合能力，如问题解决能力、团队协作能力、沟通能力等。例如，在完成一个软件开发项目后，评价可涵盖学生在需求分析、设计、编码、测试等各个环节的表现，以及团队成员间的协作情况。

评价内容应全面涵盖知识、技能、情感、态度等多个维度。不仅要评价学生对学科知识的掌握程度，还要评价其实践技能、创新能力、学习态度、团队协作精神等。例如，在评价学生的科学实验课程时，除考查学生对实验原理和步骤的掌握情况外，还应评价其实验操作技能、数据处理能力、实验报告撰写能力，以及在实验过程中展现的科学态度和团队协作能力。

评价多元化原则通过丰富评价主体、方式和内容，能够更全面地了解学生的学习情况，为教师调整教学策略、改进教学方法提供依据，同时也能有效激励学生积极参与学习，促进学生全面发展。

5. 融合模式的教学流程设计

1）课前准备阶段

课前准备主要由教师主导。首先，教师依据课程标准、专业目标和学生情况，制定明确、具体、可操作的教学目标，涵盖知识、能力、素养三维，如“汽车发动机故障诊断”课程，知识目标为识别故障、掌握流程和工具；能力目标为分析原因、制定方案；素养目标为培养热爱、严谨态度和协作精神。

明确目标后，教师划分教学内容，确定课前自学与课中互动内容。针对自学内容，教师需准备丰富多样的资源，例如，录制详细讲解视频（含案例、演示）、提供结构化电子文档（知识点总结、难点解析）、制作图文并茂的 PPT。资源准备需考虑学生需求与风格，确保适用性。

学生自学完成后，教师需进行前测，了解掌握情况。方式可多样：在线测试（选择、判断、填空）、主观题（简答、论述）、小组讨论观察等。前测结果帮助教师精准把握学情，发现薄弱环节，为课中教学调整提供依据。

学生课前主要进行自主学习，利用资源按需学习。主动思考，记录疑问，通过在线平台等交流探讨。例如，学习“网络拓扑结构”，学生观看视频、阅读文档，理解特点和优劣，并在群内讨论“环形拓扑局限性”等问题，共同寻求解答。

2）课堂教学阶段

课堂教学是融合模式的核心环节，各环节紧密衔接，促进学习。

导入环节旨在快速吸引注意力，激发兴趣，建立新旧知识联系。可采用故事、视频、问题、案例等方式。如市场营销课讲小米创业故事，引出市场定位的重要性。

明确目标环节，教师需清晰阐述本课目标，让学生明确学习方向与预期效果。可结合实例说明目标价值，增强学习动力。如会计课明确“财务报表分析”的目标及实际应用。

前测环节为课中教学铺垫。教师通过提问、小测等方式，检验课前学习效果，了解问题所在，有针对性地调整教学。在数学课“函数导数”前，通过提问检查函数、极限基础，必要时复习巩固。

参与式学习是核心。教师采用多样化方法（讨论、案例、角色扮演、项目等）鼓励学生深度参与。小组讨论促进思想碰撞，如管理学课程分析企业案例；项目实践提升综合能力。教师需有效引导，确保活动服务于教学目标。

后测环节检验目标达成度。形式多样：课堂测验、作业、项目展示、考试等。如英语课单元测试，考查词汇、语法、阅读等。结果用于全面分析学情，提供反馈指导，并反思教学。

总结环节梳理重点，强化记忆。可由师生共同回顾，梳理框架。引导学生思考知识应用，并预告后续内容，保持学习期待。如物理课总结牛顿第二定律后，讨论其在日常现象中的应用，并预告牛顿第三定律。

3）课后拓展阶段

课后拓展是课堂的延伸，利于知识巩固、视野拓展及教学改进。

学生需要巩固知识，通过作业、复习等方式加深理解。作业应兼顾巩固与拓展，如机械制造课既有工艺设计练习，也有前沿技术调研报告。学生应认真完成，主动探索，遇到困难时及时求助。

学生应利用网络资源拓展学习，如在线课程、学术数据库、专业论坛等，深化理解，了解前沿动态，交流经验，解决问题。如编程课学生可学习高级技巧、查阅 AI 编程文献、参与社区讨论。

教师课后需全面反思教学与学生情况。分析各环节效果，总结经验教训，提出改进措施。关注学生问题，调整策略。与学生沟通，听取意见，持续优化教学，提升质量。

6. 融合模式实施中的关键因素

1）教师角色转变

在 BOPPPS 模型与翻转课堂融合的教学模式中，教师的角色发生了根本性转变，从传统的知识传授者转变为学习的设计者、引导者和促进者。这一转变是提升教学效果的核心驱动力。

传统教学模式下，教师常是课堂的主导者，知识主要通过讲授传递。例如，在传统语文课上，教师可能逐字逐句讲解课文，学生则被动记录，缺乏自主探究机会。这种方式虽能传递知识，但易限制学生的主动性和创造性。

融合模式下，教师的角色发生显著变化：

（1）课前。教师需精心设计支持学生自主学习的资源，如录制微课、编写学习指南、准备练习题等。需将教学内容合理分解，使其适合学生自学。例如，在数学课程中，教师录制视频时，应详细讲解复杂概念，运用动画演示、案例分析等帮助学生理解。学习指南应明确目标、重点难点及方法建议，引导学生有针对性地学习。

（2）课中。教师从知识讲授者转变为学习的引导者和促进者。课堂不再是教师一言堂，而是要激发学生积极参与互动，鼓励其自主思考、合作探究。在参与式学习环节，教师组织小组讨论、项目实践、案例分析等活动。例如，在管理学课程中，教师给出实际管理问题，组织小组讨论，并适时提问，引导学生多角度思考，拓展视野。当学生遇到困难时，教师提供及时指导，助其找到解决方法。

（3）课后与全程。教师需关注学生学习过程与状态，及时反馈评价。观察学生表现，了解进展与困难，给予鼓励指导。评价不仅关注成绩，更注重学习过程、态度与方法。通过反馈，帮助学生发现优缺点，调整策略，提升效果。

教师角色的转变对教师素养提出更高要求。教师不仅需具备扎实的学科知识，还需掌握先进教学理念与方法，具备良好沟通、组织与指导能力。持续学习与能力提升是适应融合教学模式的关键。

2）学生自主学习能力培养

在 BOPPPS 与翻转课堂融合模式中，培养学生自主学习能力是实现教学目标的关键，直接影响学习效果与未来发展。自主学习能力涵盖自主规划、监控与评价等多个方面。

（1）培养自主规划能力。教师需引导学生树立明确的学习目标。课程开始时，帮助学生理解整体及阶段性目标。例如，在计算机编程课中，明确告知学生需掌握的语法、算法、编程思想及项目开发能力。引导学生据此制订个人学习计划，分解内容，排序，安排时间。可推荐在线平台、学习软件等工具辅助规划，或组织优秀学生分享经验。

（2）培养自主监控能力。教师需引导学生学会自我反思与调整。要求学生定期总结学习情况，回顾过程，思考问题与解决方法。例如，每周或每两周进行一次总结，记录掌握的知识点、遇到的困难及解决思路。通过反思，发现不足，及时调整。教师可设置阶段性任务（如完成项目、撰写论文）并监督进度，定期检查并提供指导。建立学习小组，促进学生间相互监督、交流。

（3）培养自主评价能力。教师需引导学生掌握科学评价方法。介绍评价标准，如知识掌握、技能运用、学习态度等，鼓励学生客观全面评价自己。例如，完成英语写作后，提供包含语法、词汇、逻辑、内容等维度的评价标准，让学生自我评价，找出问题。组织学生互评，相互阅读作品并给出意见，学习他人优点，发现自身不足。教师再进行专业点评，提出改进建议，促进学生能力提升。

3）教学资源建设

优质教学资源的开发与整合是融合模式成功实施的重要保障，对提高教学质量、满足学生多样化学习需求至关重要。在信息技术背景下，如何有效开发与整合资源是关键。

（1）开发新资源。微课和在线课程是重要形式。微课短小精悍，适合碎片化学习。开发时需精心设计内容，分解复杂知识点。例如，讲解数学函数概念时，制作 5～10 分钟微课，用动画、案例深入浅出地讲解，设置问题互动。在线课程则更系统全面，涵盖讲解、案例、练习、拓展等模块。例如，计算机网络课程可包含基础讲解、拓扑分析、协议介绍等，通过视频、PPT、测试呈现，并设置讨论答疑区。

（2）整合现有资源。充分利用互联网和校内资源。整合知名在线平台课程、学术数据库文献、专业论坛内容等。例如，历史课可整合纪录片、故事音频、研究论文，推荐《河西走廊》等纪录片，引导学生查阅论文。整合校内实验室、图书馆资源，物理课可结合实验设备提供实践机会，鼓励利用图书期刊进行拓展阅读研究。

（3）资源管理与利用。对资源进行分类整理和标注，方便查找。建立教学资源库，按学科、年级、知识点分类，添加详细标签说明。例如，数学微课按代数、几何、统计分类，标签如“函数概念”“勾股定理”“数据分析”，便于学生按需查找。

4）教学环境支持

搭建与优化线上线下教学环境是融合模式顺利开展的基础，良好的环境能提供便捷高效的学习体验，促进学生发展。

（1）线上环境。学校需提供稳定的网络平台和丰富的教学工具。平台应具备课程发布、资源共享、在线测试、互动交流等功能。可选用超星学习通、雨课堂等专业平台。教师可发布视频、教材、课件，利用测试功能检测学习情况，通过讨论区、直播互动。学校需加强网络基础设施建设，确保网络稳定高速，避免卡顿。提供技术支持与培训，帮助师生熟练使用平台。例如，组织教师培训平台使用，为学生提供操作指南。

（2）线下环境。优化教室布局与设施。布局应利于互动合作，如采用小组式桌椅摆放。设施需满足教学需求，配备投影仪、电子白板、音响等。电子白板支持书写、批注、互动，提升趣味性和参与度。建设专门学习空间，如学习中心、研讨室，配备资源，提供自主学习、讨论场所。可设导师指导区，安排教师定期值班答疑。

（3）营造学习氛围。学校应营造积极向上的氛围，鼓励学生参与。举办学术讲座、学科竞赛、经验分享会等活动。邀请专家讲座拓宽视野，组织竞赛提升实践创新能力，分享会促进交流互鉴，共同进步。

2.2.2　虚拟仿真技术在技能训练中的应用

虚拟仿真技术作为现代科技发展的前沿成果，是一种借助计算机技术、多媒体技术、传感技术等多学科交叉融合，构建虚拟环境并模拟真实世界中各种现象与过程的综合性技术。它通过计算机生成逼真的三维虚拟场景，涵盖视觉、听觉、触觉等多维度感官信息，让用户仿佛置身于真实环境之中，实现与虚拟环境的自然交互，达成在虚拟空间中进行操作、学习、训练和探索的目的。

其核心原理在于对现实世界的数字化建模与模拟。首先，运用先进的三维建模技术，通过对真实物体或场景的精确测量与数据采集，构建出高度还原的虚拟模型，这些模型不仅具备逼真的外观形态，还能准确模拟其物理属性和运动规律；其次，借助计算机图形学的渲染算法，为虚拟模型赋予丰富的材质和光影效果，使其在视觉上呈现出栩栩如生的质感和真实感；同时，结合传感器技术，如动作捕捉传感器、力反馈传感器等，实时捕捉用户的动作、姿态等信息，并将其转化为相应的指令反馈到虚拟环境中，实现用户与虚拟对象之间的实时交互；在听觉方面，利用音频合成与定位技术，根据虚拟场景的变化和用户的位置移动，实时生成逼真的音效，并通过立体声音响系统或耳机传递给用户，营造出身临其境的听觉氛围，全方位地为用户打造一个沉浸式的虚拟体验环境。

虚拟仿真技术的发展源远流长，其起源可追溯至 20 世纪中期。在早期阶段，主要应用于军事领域的飞行模拟训练，旨在为飞行员提供一种安全、高效的训练方式，降低真实飞行训练的风险和成本。这一时期的虚拟仿真技术受限于计算机性能和图形处理能力，模拟场景相对简单，交互方式也较为单一，主要通过简单的仪表盘和操纵杆来实现基本的模拟操作。

随着计算机技术的迅猛发展，特别是图形处理能力的大幅提升，20 世纪 80 年代，虚拟现实（VR）技术作为虚拟仿真技术的重要分支开始崭露头角。1984 年，NASA AMES 研究中心开发出用于火星探测的虚拟环境视觉显示器，开启了虚拟现实技术在航天领域的应用先河；1987 年，Jim Humphries 设计了双目全方位监视器的最早原型，进一步推动了虚拟现实技术的发展，使得用户能够获得更加沉浸式的体验。虚拟仿真技术逐渐从军事领域向其他行业拓展，医疗、教育、建筑等领域开始探索其潜在应用价值。

进入20世纪90年代，虚拟仿真技术迎来了新的发展阶段，理论进一步完善，应用领域不断拓宽。1990年，VR技术被明确包含三维图形生成技术、多传感器交互技术和高分辨率显示技术等关键要素，为虚拟仿真技术的发展奠定了理论基础；1992年，美国国家科学基金资助的交互式系统项目工作组的报告对VR提出了较系统的论述，并确定了未来研究方向；1993年12月，哈勃望远镜维修任务的成功完成，背后就有VR技术的支持，这一事件充分展示了虚拟仿真技术在复杂任务中的强大应用能力。同时，软件开发系统的不断完善，如MultiGen Vega、Open Scene Graph、Virtools等，提高了虚拟仿真系统的开发效率和便捷性，进一步推动了其在各行业的广泛应用。

21世纪以来，随着互联网技术、人工智能技术、大数据技术等新兴技术的蓬勃发展，虚拟仿真技术与这些技术深度融合，实现了质的飞跃。增强现实（AR）、混合现实（MR）等新型虚拟仿真技术相继涌现，它们将虚拟信息与现实世界巧妙融合，为用户带来了更加丰富、多样化的交互体验。在教育领域，虚拟仿真技术被广泛应用于虚拟实验室、虚拟教学场景等，让学生能够在虚拟环境中进行实验操作、历史场景重现等，极大地提高了学习效果和兴趣；在工业制造领域，虚拟仿真技术用于产品设计、生产流程模拟等，有效缩短了产品研发周期，降低了生产成本，提高了生产效率和产品质量。如今，虚拟仿真技术已成为推动各行业创新发展的重要驱动力，其应用范围不断扩大，技术水平不断提升，正深刻地改变着人们的生产生活方式。

1. 虚拟仿真技术的分类与特点

虚拟仿真技术种类繁多，常见的类型包括虚拟现实（VR）、增强现实（AR）、混合现实（MR）等。虚拟现实（VR）技术通过头戴式显示设备，将用户完全沉浸在计算机生成的虚拟环境中，隔绝现实世界的干扰，使用户全身心地投入到虚拟场景中，实现与虚拟环境的深度交互，如在虚拟的游戏世界中自由探索、在虚拟的建筑空间中进行设计漫游等。增强现实（AR）技术则是将虚拟信息叠加在真实世界之上，通过手机、平板电脑或智能眼镜等设备呈现，用户在观察真实世界的同时，能够看到虚拟的图像、文字等信息，实现虚拟与现实的实时互动，典型的应用场景如基于AR技术的导航系统，能够在现实街道场景中实时显示导航路线和相关信息；还有AR教育应用，通过扫描教材上的图案，即可呈现出立体的虚拟模型和动画讲解，增强学习的趣味性和直观性。混合现实（MR）技术融合了VR和AR的特点，不仅能够实现虚拟与现实的叠加，还能让虚拟物体与真实物体之间产生真实的交互，模糊虚拟与现实的界限，为用户带来更加沉浸式和交互性的体验，在工业设计、医疗手术模拟等领域有着广阔的应用前景。

虚拟仿真技术具有沉浸性、交互性、构想性等显著特点。沉浸性是指用户能够深度融入虚拟环境中，获得身临其境的感受，通过多维度的感官刺激，如逼真的视觉效果、立体的听觉体验、真实的触觉反馈等，让用户仿佛置身于真实场景之中，忘却自身所处的现实环境。交互性则强调用户与虚拟环境之间的实时互动能力，用户可以通过各种输入设备，如手柄、数据手套、动作捕捉设备等，对虚拟环境中的物体和场景进行自然的操作和控制，虚拟环境也能根据用户的操作实时做出相应的反馈，实现人机之间的高效交互。例如，在虚拟装配训练中，用户可以使用数据手套拿起虚拟零件，并按照正确的步骤进行装配，系统会实时检测装配的正确性并给予提示。构想性是指虚拟仿真技术能够激发用户的想象力和创造力，用户可以在虚拟环境中自由地探索、尝试新的想法和方案，突破现实世界的限制，进行创新思维的实践，例如，在虚拟的艺术创作空间中，用户可以自由地发挥想象，创造出各种独特的艺术作品。这些特点使得虚拟仿真技术在技能训练、教育教学、工业制造、医疗健康等众多领域展现出巨大的应用价值和潜力。

2. 虚拟仿真技术在技能训练中的优势

1）提供高度仿真的训练环境

虚拟仿真技术能够借助先进的三维建模、渲染以及传感器等技术，构建出与真实场景高度相似的虚拟训练环境，为学员带来沉浸式的学习体验，显著提升训练效果。以医学手术仿真训练为例，通过高精度的 3D 建模技术，依据真实的人体数据，能够构建出栩栩如生的器官、组织和血管模型，精准还原人体解剖结构的细节和空间关系。运用先进的物理引擎，可模拟真实的组织切割、缝合以及器械交互等操作，使手术过程更加真实可信。借助 VR 手柄、手势识别和空间定位技术，实现手术器械的精准操控，如抓握、移动、旋转等，让学员能够感受到与真实手术操作相近的手感和操作反馈。通过力反馈设备，模拟真实的组织触感和器械交互力，增强操作者的沉浸感，使操作者仿佛真正置身于手术室中进行手术操作。

在这样高度仿真的训练环境中，医学生可以在虚拟患者身上反复进行各类手术操作练习，从简单的清创缝合到复杂的器官切除手术，无须担心因操作失误对真实患者造成伤害。他们能够在虚拟环境中充分熟悉手术流程、掌握手术技巧，提高手术操作的准确性和熟练度，积累丰富的手术经验。同时，虚拟仿真系统还可以模拟各种突发情况，如大出血、器官意外损伤等，让医学生提前学习应对策略，提升应急处置能力。这种高度仿真的训练环境，为医学教育提供了更加安全、高效、丰富的教学手段，极大地提高了医学技能训练的质量和效果。

2）降低训练成本与风险

对于一些涉及高成本设备或具有高危险性的行业技能训练，虚拟仿真技术具有显著的成本降低和风险规避优势。在化工行业，真实的化工生产过程往往涉及复杂的化学反应、昂贵的生产设备以及具有潜在危险的化学物质。传统的技能训练需要投入大量资金购置设备、原材料，并建设专门的实训场地，同时还面临着设备损坏、原料消耗以及可能发生安全事故等风险。而利用虚拟仿真技术，学员可以在虚拟环境中进行化工生产流程的模拟操作，无需实际的设备和原材料投入，避免了设备磨损和维护成本，也消除了因操作失误引发安全事故的风险。

例如，在化工工艺实训中，通过虚拟仿真软件，学员可以模拟各种化工设备的启动、运行、调整和停车等操作过程，学习不同工艺参数对生产过程的影响，掌握正确的操作方法和故障处理技巧。在这个过程中，即使学员出现操作失误，也不会对实际设备和人员造成任何损害，同时还可以反复进行练习，直至熟练掌握相关技能。此外，虚拟仿真技术还可以用于化工安全培训，模拟各种危险场景，如化学品泄漏、火灾爆炸等，让学员在虚拟环境中进行应急处置演练，能够提高安全意识和应急处置能力，而无需承担真实场景下的危险和损失。通过虚拟仿真技术，化工企业和教育机构能够在保证技能训练效果的前提下，大幅降低训练成本，提高训练的安全性，为化工行业的人才培养和安全生产提供有力支持。

3）实现个性化与定制化训练

不同学员在学习进度、知识掌握程度和技能水平等方面存在差异，虚拟仿真技术能够依据学员的个体特点，提供个性化与定制化的训练方案，满足多样化的学习需求。以职业技能培训中的数控编程课程为例，虚拟仿真系统可以在学员开始训练前，通过在线测试等方式，对学员的基础知识、编程能力和空间想象能力等进行评估，了解学员的初始水平和学习特点。根据评估结果，系统为每位学员制订个性化的训练计划，包括训练内容、难度级别和学习进度安排等。对于基础较弱的学员，系统会从最基本的数控编程指令讲解和简单零件的编程练习开始，逐步引导学员掌握编程技巧，随着学员能力的提升，逐渐增加训练的难度和复杂度；而对于基础较好的学员，则可以直接从更高级的编程任务入手，重点培养他们解决复杂问题的能力和创新思维。

在训练过程中，虚拟仿真系统还可以实时监测学员的操作情况和学习进度，根据学员的实际表现动态调整训练内容和难度。如果学员在某个知识点或操作环节上出现错误较多，系统会自动增加相关内容的练习次数，并提供针对性的辅导和提示，帮助学员及时纠正错误，巩固知识和技能。这种个性化与定制化的训练方式，能够充分激发学员的学习积极性和主动性，提高学习效率，使每个学员都能在自己的节奏和能力范围内得到最佳的训练效果，更好地满足职业技能培养的多元化需求。

4）打破时间和空间限制

虚拟仿真技术使得技能训练不再受时间和空间的束缚，学员能够随时随地通过互联网接入虚拟仿真系统，开展学习和训练，极大地提高了学习的灵活性和便利性。以师范教育中的线上微格教学为例，传统的微格教学通常需要在特定的时间和场地进行，学生的训练时间和机会受到限制。而借助虚拟仿真技术实现的线上微格教学，学生可以根据自己的时间安排，在任何有网络连接的地方进行教学技能训练。他们可以在虚拟教室中模拟真实的课堂教学场景，进行教学设计、教学方法运用、课堂管理等方面的实践练习。

同时，线上微格教学系统还可以录制学生的教学过程，学生可以在训练结束后反复观看自己的教学视频，进行自我反思和总结，发现问题并及时改进。此外，教师和同学也可以通过在线平台对学生的教学表现进行评价和反馈，学生能够及时了解自己的不足之处，获取改进建议。这种打破时间和空间限制的训练方式，不仅为学生提供了更多的实践机会，还促进了师生之间的交流与互动，提高了教学技能训练的效果。无论是在职人员利用业余时间进行技能提升，还是偏远地区的学生获取优质的技能训练资源，虚拟仿真技术都为他们提供了便捷的途径，有力地推动了教育公平和终身学习的发展。

5）增强学习兴趣与参与度

虚拟仿真技术以其生动形象、高度交互的特点，为技能训练带来了全新的体验，能够有效激发学生的学习兴趣，提高他们主动参与技能训练的热情。在虚拟仿真的技能训练环境中，学生不再是被动地接受知识和技能，而是通过与虚拟环境的互动，主动探索和学习。以职业技能培训中的机械装配课程为例，虚拟仿真系统可以将原本抽象的机械结构和装配过程以三维立体的形式呈现出来，学生可以通过手柄、鼠标等设备，对虚拟的机械零件进行抓取、移动、旋转和装配操作，直观地感受机械结构的组成和工作原理。在装配过程中，系统会实时反馈操作的正确性，当学生完成正确的装配步骤时，会给予相应的提示和奖励，如播放一段成功音效或显示一个表扬动画；当出现错误操作时，系统会及时指出问题所在，并提供相应的指导和建议。

这种具有趣味性和挑战性的交互方式，使学生仿佛置身于一个充满乐趣的游戏世界中，极大地激发了他们的好奇心和求知欲，让他们更愿意主动参与到技能训练中。此外，虚拟仿真技术还可以模拟各种实际工作场景和任务，让学生在虚拟环境中体验真实的职业氛围和工作流程，增强他们对未来职业的认知和认同感，进一步提高学习兴趣和参与度。通过增强学习兴趣与参与度，虚拟仿真技术能够让学生更加积极主动地投入到技能训练中，提高学习效果，为培养高素质的技能人才奠定坚实的基础。

3. 虚拟仿真技术在不同技能训练场景的应用案例

在机械制造专业技能训练中，虚拟仿真技术为学生提供了一个高度逼真的实践环境，有效弥补了传统教学中设备不足、操作风险高的问题。以武昌职业学院为例，该校运用数字孪生技术自主创新机电一体化智慧教学实践平台，搭建了基于真实机床的数字化孪生模拟机床，一比一还原实际生产操作。操作面板与真实机床面板一模一样，甚至考虑到实际生产为站立操作，专门将数字孪生机床设计成立式的。

学生在这个虚拟仿真平台上，可以同步模拟操作制造航空航天飞行器上的精密结构件、紧固件等。通过“楼下直播，楼上模拟”的分组学习模式，学生既能现场观看实际生产过程，又能根据直播讲解操作数字孪生机床，实现了理论与实践的紧密结合。据统计，数字孪生机床投入使用后，学生实训成本下降了超80%，过去一名零基础的学生培养到规范操作机床平均需要6个月，在学习数字孪生机床模拟操作后，这个时间缩短到了3个月。这种虚拟仿真教学模式，不仅有效降低了实训成本，还大幅缩短了培养周期，提高了学生的学习积极性和效果，让学生实现了“上课就上班、毕业即就业”的愿景。

护理专业的技能训练对实践操作要求极高，虚拟仿真技术的应用为护理学生提供了丰富多样的临床场景，极大地提升了他们的实践操作能力和临床思维。护理虚拟仿真实训软件能够逼真地模拟各种护理场景，如急救、手术、病房护理等。学生们可以与虚拟病人进行互动，进行各种护理操作和决策，感受真实的临床挑战。

在模拟急救场景时，软件会根据预设的病情变化，考验学生的应急反应能力和操作熟练度，学生需要在规定时间内准确完成心肺复苏、除颤等急救操作；在模拟手术护理场景中，学生要熟悉手术流程，准确传递手术器械，协助医生完成手术，过程中还要关注患者的生命体征变化，并及时做出相应处理。软件提供及时的反馈和评估功能，学生可以及时了解自己的表现，查看操作记录和评估结果，了解自己的优势和不足，并根据反馈进行改进和提高。这种虚拟仿真训练方式打破了时间和地域的限制，学生可以随时随地进行学习，有效提升了护理专业学生的实践能力和专业素养，为未来的护理工作奠定了坚实的基础。

财税专业的申报与企业资金直接挂钩，虚拟仿真技术的应用为财税专业学生提供了丰富多样的实训场景，极大地丰富了各种税收申报业务范围，对学生提升操作能力和创新思维能力有帮助。税务虚拟仿真实训软件，可以让学生在虚拟货币和仿真企业数据中逐步学会如何申报纳税，对于学生完成税务专业学习有极大帮助。

在虚拟环境中，学生可以放心地进行操作练习，无需担心对真实患者造成影响，还可以反复练习，充分发挥想象力和创造力。软件提供及时的反馈和评估功能，学生们可以及时了解自己的表现，查看操作记录和评估结果，了解自己的优势和不足，并根据反馈进行改进和提高。这种虚拟仿真训练方式，打破了时间和地域的限制，学生们可以随时随地进行学习，有效提升了财税专业学生的实践能力和专业素养，为未来的财税工作奠定了坚实的基础。

4. 虚拟仿真技术在技能训练应用中面临的挑战

1）硬件设备的限制

当前，VR设备在性能上存在诸多瓶颈，严重制约了虚拟仿真技术在技能训练中的广泛应用。其中，眩晕感是最为突出的问题之一。当用户在虚拟环境中进行快速移动、旋转等操作时，视觉系统所感知到的运动信息与前庭系统所接收到的身体实际运动信息出现偏差，这种感官冲突极易引发用户的眩晕和不适感。造成这一问题的主要原因包括硬件性能不足，低性能的GPU和CPU无法及时处理大量数据，导致图像更新滞后，使得用户的操作与画面反馈之间存在明显延迟；传输延迟也是一个重要因素，无线VR设备信号传输的延迟会显著影响图像实时性，网络不稳定或带宽不足都会导致数据传输速度慢，进而影响图像和控制信号的延迟。在一场虚拟的汽车驾驶技能训练中，学员在快速转弯时，由于设备的延迟，画面不能及时跟上操作，学员就会产生强烈的眩晕感，这不仅影响了训练体验，还可能对学员的身体造成不适，使得训练无法正常进行。

此外，分辨率低也是VR设备亟待解决的问题。较低的分辨率使得虚拟环境中的图像不够清晰、细腻，细节表现能力差，难以呈现出高度逼真的场景和物体，这在很大程度上削弱了虚拟仿真的沉浸感和真实感。在医学手术虚拟仿真训练中，如果VR设备分辨率不足，医生在观察虚拟器官的细节时就会变得模糊不清，无法准确判断器官的病变情况和结构特征，从而影响手术操作的准确性和效果，无法达到预期的训练目的。

2）软件系统的不足

在软件系统方面，也存在着多方面有待提升的地方。首先是软件兼容性问题，不同的虚拟仿真软件与硬件设备、操作系统之间可能存在兼容性差异，导致软件在运行过程中出现崩溃、卡顿、无法正常启动等问题，影响了技能训练的顺利开展。例如，一款针对工业机器人操作技能训练开发的虚拟仿真软件，在某些品牌的电脑和特定版本的操作系统上无法正常运行，或者在运行过程中频繁出现闪退现象，这就使得相关的技能训练无法进行，造成了时间和资源的浪费。

场景逼真度是软件系统需要改进的关键方面。尽管虚拟仿真技术在不断发展，但目前部分软件构建的虚拟场景在真实感上仍存在差距，如物体的材质质感不够真实、光影效果不够自然、物理模拟不够准确等，这些问题都会降低虚拟环境的可信度，影响学员对技能训练的投入度和学习效果。在建筑设计虚拟仿真训练中，软件呈现的建筑模型材质缺乏真实感，光影效果生硬，无法准确模拟不同时间段、不同天气条件下建筑的外观和内部空间效果，使得学员难以获得真实的设计体验，无法准确评估设计方案的可行性和效果。

交互性的不足同样制约着虚拟仿真技术在技能训练中的应用。良好的交互性是实现有效技能训练的基础，但当前一些软件的交互方式不够自然、灵活，操作不够便捷，反馈不够及时准确，学员在与虚拟环境进行交互时难以获得流畅、高效的体验。在虚拟装配技能训练中，学员操作手柄进行零件装配时，可能会出现操作指令响应延迟、零件抓取不稳定、装配位置判断不准确等问题，这不仅增加了学员的操作难度，还降低了训练的效率和准确性，无法满足技能训练对交互性的高要求。

5. 教育教学层面的挑战

1）教师角色转变与培训需求

从传统教学模式向虚拟仿真教学模式的转变，对教师提出了全新的挑战和要求。在传统教学中，教师是知识的传授者和课堂的主导者，教学过程主要依赖于教材、黑板和口头讲解。而在虚拟仿真教学中，教师的角色发生了根本性的转变，他们需要成为学习的引导者、组织者和促进者，借助虚拟仿真技术，为学生创造更加丰富、多样化的学习情境，引导学生自主探索、合作学习。这就要求教师不仅要具备扎实的学科专业知识，还需要掌握先进的教育技术和教学方法，熟悉虚拟仿真软件的操作和应用，能够根据教学目标和学生的特点，合理设计教学方案，将虚拟仿真技术与教学内容有机融合。

然而，目前许多教师在面对这一角色转变时，存在着诸多困难和不足。一方面，部分教师对虚拟仿真技术的认知和了解有限，缺乏相关的技术知识和操作技能，难以熟练运用虚拟仿真软件开展教学活动；另一方面，教师在教学设计和教学方法上也需要进行创新和改进，以适应虚拟仿真教学的特点和要求。为了帮助教师顺利实现角色转变，提升教学能力，开展有针对性的培训显得尤为重要。培训内容应涵盖虚拟仿真技术的基本原理、软件操作技能、教学设计方法、教学评价策略等方面，通过理论学习、实践操作、案例分析等多种方式，提高教师对虚拟仿真技术的应用能力和教学水平。同时，还应鼓励教师积极参与教学研究和交流活动，分享教学经验，共同探索虚拟仿真教学的新模式和新方法，不断提升教学质量。

2）教学评价体系的不适应

现有的教学评价体系主要是基于传统教学模式构建的，注重对学生知识记忆和理解的考查，评价方式以考试、作业等为主。然而，虚拟仿真教学具有独特的特点，如学习过程的个性化、学习方式的多元化、学习环境的虚拟化等，这些特点使得传统的教学评价体系难以全面、准确地评估学生在虚拟仿真教学中的学习成果和能力提升。在虚拟仿真技能训练中，学生的学习过程更加注重实践操作、问题解决和创新思维的培养，传统的以考试成绩为主的评价方式无法真实反映学生在这些方面的表现和进步。

因此，构建适应虚拟仿真教学的新评价体系势在必行。新的评价体系应更加注重学生的学习过程和综合素质的评价，不仅要考查学生对知识和技能的掌握程度，还要关注学生在虚拟仿真环境中的操作能力、团队协作能力、创新思维能力和解决问题能力等。评价方式应多样化，除了传统的考试和作业外，还应增加实践操作考核、项目评价、小组互评、自我评价等方式，充分发挥不同评价方式的优势，全面、客观地评价学生的学习效果。可以通过记录学生在虚拟仿真训练中的操作数据，如操作步骤的准确性、操作时间、错误次数等，来评估学生的技能掌握情况；通过观察学生在小组项目中的表现，如团队协作能力、沟通能力、领导能力等，来评价学生的综合素质；通过学生的自我评价和小组互评，了解学生的学习态度、学习方法和自我反思能力。通过构建科学合理的评价体系，能够更好地引导学生积极参与虚拟仿真学习，提高学习效果，促进学生的全面发展。

6. 成本与资源层面的挑战

1）建设与维护成本高昂

搭建一套完整的虚拟仿真系统需要投入大量的资金，包括硬件设备采购、软件系统开发、课程资源建设等方面。在硬件方面，为了满足虚拟仿真对图形处理能力、数据传输速度等方面的高要求，需要购置高性能的计算机、专业的VR设备、动作捕捉设备、力反馈设备等，这些硬件设备价格昂贵，且随着技术的不断更新换代，还需要定期进行升级和更换，进一步增加了成本。一套高端的VR设备价格可能在数千元甚至上万元，而用于工业仿真、医学模拟等专业领域的设备价格更是不菲。

软件系统的开发也需要耗费大量的人力、物力和财力，涉及软件开发团队、图形设计团队、教育专家等多方面的合作，开发周期长，成本高。同时，虚拟仿真系统的维护也需要持续的资金投入，包括软件的更新升级、硬件设备的维修保养、服务器的租赁和管理等。对于一些资金有限的教育机构和企业来说，高昂的建设与维护成本成为他们应用虚拟仿真技术开展技能训练的一大障碍。

2）优质资源的稀缺与不均衡

目前，高质量的虚拟仿真训练资源相对匮乏，难以满足日益增长的技能训练需求。一方面，开发优质的虚拟仿真资源需要具备丰富的专业知识、先进的技术手段和大量的时间投入，这使得能够开发出高质量资源的团队和机构相对较少。另一方面，虚拟仿真资源的分布存在严重不均衡现象，发达地区和重点院校往往能够获取更多的资源和资金支持，建设和拥有较为丰富的虚拟仿真训练资源；而一些偏远地区和普通院校由于资金短缺、技术力量薄弱等原因，虚拟仿真资源相对匮乏，无法为学生提供良好的技能训练条件。

这种优质资源的稀缺与不均衡，不仅影响了虚拟仿真技术在技能训练中的广泛应用，也加剧了教育资源的不公平性。为解决这一问题，需要加强对虚拟仿真资源建设的投入和支持，鼓励和引导更多机构和团队参与到资源开发中来，提高优质资源的产出量。同时，还应建立健全资源共享机制，通过互联网平台等方式，实现虚拟仿真资源的共享和流通，让更多的学生和从业者能够受益于虚拟仿真技术带来的便利和优势。可以建设虚拟仿真资源公共服务平台，整合各类优质资源，供教育机构、企业和个人用户按需使用，促进资源的合理配置和高效利用。

7. 应对挑战的策略与建议

1）技术创新与升级

为突破当前虚拟仿真技术在技能训练应用中的技术瓶颈，应加大在硬件设备和软件系统研发方面的投入力度，推动技术的持续创新与升级。在硬件设备研发上，聚焦于解决VR设备的眩晕感和分辨率低等问题。一方面，加大对高性能GPU、CPU，以及低延迟传输技术的研发投入，提高硬件设备的数据处理能力和图像传输速度，降低操作与画面反馈之间的延迟，减少用户在虚拟环境中的眩晕感。例如，通过研发新型的图像处理芯片，优化图像渲染算法，实现更快速、更流畅的图像生成和显示，使虚拟场景的变化能够实时、准确地反馈给用户。另一方面，不断提升VR设备的分辨率，采用更高像素密度的显示屏，提高图像的清晰度和细腻度，增强虚拟环境的真实感和沉浸感。例如，研发4K甚至8K分辨率的VR显示屏，让用户在虚拟环境中能够清晰地观察到物体的细节，感受到更加逼真的视觉体验。

在软件系统研发方面，着力解决软件兼容性、场景逼真度和交互性不足等问题。加强对软件兼容性的测试和优化，确保虚拟仿真软件能够在不同的硬件设备和操作系统上稳定运行，减少因兼容性问题导致的软件崩溃、卡顿等现象。通过建立全面的兼容性测试数据库，对各种硬件设备和操作系统进行广泛的测试，及时发现并解决兼容性问题，为用户提供更加稳定、可靠的软件运行环境。同时，加大对软件场景逼真度和交互性的研发投入，利用先进的图形渲染技术、物理模拟技术和人工智能技术，提高虚拟场景的真实感和交互的自然性、灵活性。例如，运用深度学习算法对大量真实场景的数据进行学习和分析，从而生成更加逼真的虚拟场景；通过引入人工智能技术，使虚拟环境中的物体和角色能够根据用户的操作做出更加智能、自然的反应，提升用户与虚拟环境的交互体验。

2）教师培训与专业发展

为助力教师顺利实现从传统教学模式向虚拟仿真教学模式的角色转变，提升其教学能力和专业素养，需建立完善的教师培训体系，开展有针对性的培训。培训内容应涵盖多个关键方面，首先是虚拟仿真技术的基础知识和操作技能，包括虚拟仿真软件的安装、启动、基本功能的使用，以及VR设备、动作捕捉设备等硬件设备的连接和操作方法。通过理论讲解和实际操作相结合的方式，让教师熟悉虚拟仿真技术的基本原理和应用场景，掌握相关设备和软件的操作技巧，能够独立完成虚拟仿真教学环境的搭建和使用。

其次，教学设计与方法的创新也是培训的重要内容。引导教师学习如何根据教学目标和学生特点，将虚拟仿真技术与教学内容有机融合，设计出具有针对性和实效性的教学方案。例如，在课程设计中，合理安排虚拟仿真教学环节，设置具有挑战性和趣味性的学习任务，激发学生的学习兴趣和主动性；在教学方法上，采用项目式学习、问题导向学习等教学方法，引导学生在虚拟环境中自主探索、合作学习，培养学生的创新思维和实践能力。

教学评价策略同样不容忽视。帮助教师了解并适应虚拟仿真教学的新评价体系和方法，掌握如何通过多元化的评价方式全面、客观地评估学生的学习成果和能力提升。例如，学习如何利用虚拟仿真系统生成的学生操作数据，分析学生的学习过程和技能掌握情况；如何组织学生进行小组互评和自我评价，促进学生的自我反思和相互学习；如何结合考试、作业、实践操作考核等多种评价方式，对学生的学习效果进行综合评价。

培训方式应多样化，以满足教师的不同学习需求。可以采用线上线下相结合的混合式培训模式，线上通过网络课程、在线直播等方式，为教师提供丰富的学习资源和便捷的学习途径，教师可以根据自己的时间和进度自主学习；线下则通过集中培训、工作坊、案例研讨等方式，组织教师进行面对面的交流和学习，分享教学经验，解决实际教学中遇到的问题。同时，建立教师培训的长效机制，定期组织教师参加培训和进修活动，不断更新教师的知识和技能，以适应虚拟仿真技术不断发展和教学改革的需求。

3）完善教学评价体系

构建一套契合虚拟仿真教学特性的多元化评价体系，是确保虚拟仿真技术在技能训练中发挥实效的关键所在。评价内容需全面覆盖学生在虚拟仿真训练中的核心表现。首先，对知识与技能掌握程度的评估是基础环节，可通过理论知识测试、虚拟环境下的实操考核等方式，检验学生对专业理论的理解深度及技能运用的熟练程度。例如，在数控编程虚拟实训中，可设置特定加工任务，要求学生在限定时间内完成程序编写，并在虚拟机床上进行模拟运行。依据程序逻辑的正确性、加工路径的精准度等指标，来衡量学生对数控编程知识与操作技能的掌握水平。

其次，操作能力与实践表现亦是评价的重点。需观察并记录学生在虚拟环境中的操作流程、熟练度、准确性与规范性，以及其应对虚拟情境中突发状况的能力。以医学手术虚拟仿真训练为例，可追踪记录学生手术操作的步骤、时长、器械使用的精确度等数据，以此评估其手术操作技能；同时，关注学生在模拟面对术中大出血、器官意外损伤等紧急情况时的应变策略和处理方法，评估其临床应变能力。

再次，团队协作与沟通能力在虚拟仿真教学中同样不容忽视。评价应关注学生在小组协作项目中的表现，包括任务分工的合理性、成员间沟通的有效性、协作的默契程度等。例如，在虚拟建筑设计项目中，当学生以小组形式完成任务时，评价应考察小组成员间是否能够高效交流设计理念、协调方案细节；是否能够根据各自专长合理分配任务，并协同完成最终设计。

最后，创新思维与问题解决能力也应纳入评价体系的重要维度。应鼓励学生在虚拟仿真训练中展现创新意识，尝试提出新颖的解决方案，并考察其分析问题、解决问题的能力。例如，在虚拟产品研发项目中，可观察学生是否能运用创新思维提出独特的产品设计概念或功能需求；在面对设计过程中遇到的各类技术难题时，能否主动查阅资料、深入分析原因，并最终找到有效的解决途径。

评价方式应多元化，以充分发挥各类评价方法的优势，从而对学生进行全面且客观的评估。除了传统的理论考试和作业评定外，应强化实践操作考核，让学生在虚拟仿真环境中完成模拟任务，通过观察和记录其操作过程与结果来评估其实践技能。引入项目评价机制，以小组或个人完成的虚拟仿真项目为评价对象，综合考量项目的创新性、技术可行性、完成质量等要素，评价学生的综合实践能力。推行小组互评与自我评价，促使学生在评价过程中相互学习、反思提升，进而增强其自主学习与自我评价能力。同时，可运用大数据分析技术，收集并分析学生在虚拟仿真训练中的行为数据，如登录时长、操作频率、错误模式等，为评价学生的学习进程与成效提供量化依据，使评价过程更为科学、精准。

4）成本控制与资源整合

针对虚拟仿真技术在技能训练应用中普遍存在的成本较高、优质资源相对匮乏且分布不均等问题，可通过加强多方协作与资源整合来寻求解决之道。

在成本控制层面，应积极倡导教育机构、企业及科研院所等主体深化合作，共同参与虚拟仿真系统的研发、部署与维护。教育机构可精准提供教学需求与实际应用场景；企业则可发挥其技术积累与资金优势，承担核心硬件设备的研发制造、软件系统的迭代升级等工作；科研机构则可利用其前沿研究能力，攻克关键技术瓶颈，为虚拟仿真系统的持续优化提供智力支持。通过这种多方协同模式，能够实现资源共享与优势互补，有效分摊并降低单一机构的投入负担。

同时，应积极探索虚拟仿真系统及资源的租赁服务模式。对于预算有限的教育机构或企业，提供设备与软件的租赁选项，可满足其技能训练的基本需求，避免一次性大规模的资金投入压力。此外，需科学规划虚拟仿真系统的建设规模与使用计划，提高设备和软件资源的整体利用率，减少闲置与浪费，从而进一步控制运营成本。

在资源整合方面，搭建一个开放共享的虚拟仿真资源平台具有重要意义。该平台应汇聚各类高质量的虚拟仿真训练资源，涵盖教学课件、虚拟实验项目、仿真实训案例等，面向教育机构、企业及个人用户提供便捷的按需使用服务。需制定统一的技术标准与接口规范，确保来自不同开发者或机构的资源能够顺畅接入平台并实现互联互通。同时，优化平台的资源分类体系与检索功能，方便用户快速、精准地定位所需资源。

为激励资源的共享与流通，可设立相应的奖励机制，对积极贡献优质资源的机构或个人给予荣誉表彰、资金补助或资源优先使用权等奖励。此外，必须建立严格的质量审核与评价机制，定期对平台上的资源进行复审与更新，确保资源的时效性、准确性与适用性，为用户提供可靠、优质的虚拟仿真训练内容。通过有效的成本控制与资源整合，将有力推动虚拟仿真技术在技能训练领域的广泛应用与可持续发展。

第 3 章

岗位需求导向的课程重构方法论

3.1 职业能力分析模型

国外在职业能力分析模型研究方面起步较早，已形成多种代表性理论与模型。例如，德国的“双元制”职业教育模式下的职业能力模型，强调专业能力、方法能力和社会能力的综合培养，注重实践操作和企业实习，使学生能够在真实工作环境中提升职业能力。美国的生涯发展理论中的职业能力模型，关注个体的兴趣、能力、价值观等因素与职业选择和发展的关系，通过职业测评等工具帮助学生了解自身职业能力倾向，规划职业生涯。英国的国家职业资格（NVQ）体系，以职业标准为导向，对职业能力进行明确界定和分级，为职业能力的培养和评价提供了标准化框架。

国内对职业能力分析模型的研究相对起步较晚，但近年来随着高职教育的快速发展，也取得了丰硕的成果。学者们从不同角度对职业能力进行研究，提出了多种职业能力分析模型。一些研究借鉴国外经验，结合我国国情，构建了具有中国特色的职业能力模型，强调职业素养、专业技能、实践能力和创新能力的融合。另一些研究则针对特定专业或行业，开展职业能力需求分析，建立了相应的专业职业能力模型，为专业教学改革提供了有力支持。

职业能力分析模型是一种用于系统剖析和界定个体在特定职业领域所需具备的能力的结构化工具。它并非对单一能力的孤立考量，而是将知识、技能、态度、价值观以及行为方式等多方面要素进行有机整合，全面且深入地反映个体在该职业领域内的综合能力水平。

从知识层面来看，它涵盖专业理论知识、行业基础知识以及跨学科知识等。例如，一名机械制造专业的高职学生，不仅需要掌握机械设计、机械制造技术等专业核心知识，还应了解材料科学、自动化控制等相关领域的基础知识，以便在实际工作中综合运用这些知识解决复杂问题。

技能方面既包括操作技能、实践技能，也包括思维技能和创新技能。以财税专业为例，学生需要熟练掌握增值税开票、汇算清缴纳税申报等实际操作技能，同时具备风险管理、分析判断等思维技能，以及在财税工作中不断探索新方法、新模式的创新技能。

此外，态度和价值观体现了个体对职业的认知、情感和价值取向。一个具有强烈责任心、敬业精神和团队合作意识的员工，往往能够在工作中更加积极主动，与同事协作顺畅，为企业创造更大价值。例如，在税收服务团队中，成员们秉持追求卓越、注重用户体验的价值观，才能更好地完成企业税收相关服务。

行为方式是个体在职业活动中具体表现出来的行动模式和习惯。良好的沟通技巧、时间管理能力以及问题解决能力等，都是职业行为方式的重要组成部分。在市场营销岗位上，具备出色沟通能力的员工能够更好地与客户建立联系，了解客户需求，从而有效地推广产品或服务。

职业能力分析模型并非固定不变，而是一个动态发展的概念。随着社会经济的快速发展、科技的不断进步以及行业的持续变革，职业所需的能力也在不断演变。例如，随着人工智能技术在医疗领域的广泛应用，医护人员不仅要具备传统的医疗技能，还需要掌握一定的人工智能知识和数据分析能力，以便更好地利用这些新技术为患者提供服务。

3.1.1 DACUM 工作分析法在课程设计中的应用

DACUM 工作分析法（developing a curriculum）是一种分析和确定某种职业所需能力的科学方法，而非简单的“教学计划开发”。其本质是通过组建由行业企业专家组成的团队，对目标职业岗位进行深入分析，梳理出该职业岗位所涵盖的各项职责和具体工作任务，并进一步明确完成这些工作任务所需的知识、技能和态度等职业能力要素。其核心在于以职业岗位的实际工作过程为依据，将职业能力进行细化和分解，从而为课程设计提供精准指导。

DACUM 工作分析法起源于20世纪60年代末，由加拿大区域经济发展部实验项目分部开发。当时为解决教学培训与实际工作需求脱节的问题，经过大量理论研究和实践探索，发现由优秀工作人员对职业岗位工作所需能力进行分析确定，更符合实际工作需要。随后，该方法在实践中不断完善和发展，逐渐成为一种被广泛应用的职业分析方法，不仅在职业教育领域用于课程开发，还在企业人力资源管理等方面发挥重要作用。

1. DACUM 工作分析法在高职教育中的应用价值

1）提高课程与职业岗位的匹配度

通过 DACUM 工作分析法，能够深入了解职业岗位的实际工作内容和能力要求，使课程设计紧密围绕职业岗位需求展开，确保课程内容与职业岗位工作任务高度契合，提高学生所学知识和技能的实用性，增强学生毕业后的岗位适应性。

2）促进实践教学的强化

该方法强调对实际工作任务的分析，能够明确实践教学的重点和方向。在课程设计中，可根据 DACUM 分析结果，合理设置实践教学环节，增加实践教学比重，让学生在真实或模拟的工作环境中进行实践操作，提升学生的实践动手能力和解决实际问题的能力。

3）提升学生职业能力培养效果

DACUM 工作分析法将职业能力细化为具体的技能和知识要点，有助于教师制订针对性的教学目标和教学计划。在教学过程中，教师能够有重点地对学生进行职业能力培养，使学生清晰了解自己需要掌握的职业能力，激发学生学习的主动性和积极性，从而提升学生职业能力培养的效果。

2. DACUM 工作分析法在高职教育课程设计中的实施步骤

1）组建 DACUM 专家团队

DACUM 专家团队成员应主要来自行业企业一线的优秀工作人员，他们需对目标职业岗位有深入的了解和丰富的实践经验，熟悉行业发展趋势和岗位工作要求。同时，可适当邀请部分高职院校中具有丰富教学经验且熟悉专业领域的教师参与，以促进理论与实践的结合。团队成员数量一般以8人至12人为宜，确保能够充分讨论和全面分析职业岗位信息。

在开展DACUM工作之前，需对专家团队成员进行培训。培训内容包括DACUM工作分析法的基本原理、实施流程、操作方法以及注意事项等，使团队成员明确自身职责和工作任务，掌握DACUM分析的技巧和方法，确保分析工作的科学性和规范性。

2）确定职业岗位与工作任务

通过问卷调查、企业走访、行业报告分析等多种方式，广泛收集目标职业岗位的相关信息，明确高职教育所面向的具体职业岗位及其工作内容、工作环境、职业发展路径等。例如，对于计算机网络技术专业，可能涉及网络工程师、网络管理员等职业岗位，需详细了解这些岗位在不同企业中的工作重点和职责范围。

组织DACUM专家团队成员运用头脑风暴法，对目标职业岗位的工作任务进行全面梳理。引导专家成员从自身工作经验出发，尽可能详细地列举出该职业岗位所涉及的各项工作任务，并对这些任务进行分类和整理，形成初步的工作任务清单。例如，对于网络工程师岗位，工作任务可能包括网络规划与设计、网络设备安装与调试、网络故障排查与修复等。

3）分析工作任务所需能力

对梳理出的每一项工作任务，DACUM专家团队进一步分析完成该任务所需具备的知识、技能和态度。知识方面，包括专业理论知识、行业基础知识等；技能方面，涵盖操作技能、问题解决技能、沟通协作技能等；态度方面，涉及职业素养、工作责任心、团队合作精神等。例如，在网络设备安装与调试任务中，学生需要掌握网络设备的基本原理、配置命令等知识，具备熟练操作网络设备进行安装和调试的技能，同时要有严谨认真的工作态度和团队协作精神。

为了更好地指导课程设计和教学实施，对分析出的能力进行层次划分，如分为基础能力、核心能力和拓展能力。基础能力是从事该职业岗位必须具备的基本能力，核心能力是体现职业岗位核心价值的关键能力，拓展能力则是为学生未来职业发展提供支撑的能力。例如，对于网络工程师岗位，计算机基础知识、网络基础知识属于基础能力，网络规划与设计、网络安全防护能力属于核心能力，新技术学习与应用能力属于拓展能力。

4）构建DACUM表

根据工作任务分析和能力分析的结果，设计DACUM表。DACUM表一般包括职业岗位名称、工作任务、能力领域、具体能力要求等栏目。在设计表格时，要确保栏目设置合理、清晰，便于填写和查阅。

将梳理出的工作任务逐一填入DACUM表中，并对应分析出的能力领域和具体能力要求进行详细填写。能力领域应概括性地描述完成工作任务所需的主要能力范畴，具体能力要求则要明确、具体地阐述每项能力的详细内容和标准。例如，在网络故障排查与修复工作任务对应的DACUM表中，能力领域可设定为“网络故障诊断与修复能力”，具体能力要求可包括“能够准确判断网络故障类型”“熟练运用故障排查工具和方法”“能够制定有效的故障修复方案”等。

5）基于DACUM表开发课程

以DACUM表为依据，构建高职教育课程体系。根据工作任务和能力要求的相关性，将相近或相关的能力整合为课程模块，确定课程体系的框架结构。例如，对于计算机网络技术专业，可根据 DACUM 表中的能力要求，构建网络基础课程模块、网络设备配置课程模块、网络安全课程模块等，形成完整的课程体系。

针对每门课程，依据 DACUM 表中对应的工作任务和能力要求，确定课程的教学内容。将实际工作任务转化为教学项目或案例，使教学内容更加贴近实际工作。同时，合理安排理论教学与实践教学的比例，注重培养学生的实践能力。例如，在网络设备配置课程中，以企业实际网络项目为背景，设计网络拓扑搭建、网络设备配置等教学项目，让学生在实践操作中掌握网络设备配置的技能。

根据课程内容和教学目标，选择合适的教学方法和评价方式。教学方法可采用项目教学法、案例教学法、小组合作学习法等，激发学生的学习兴趣和主动性。评价方式应多元化，综合考虑学生的学习过程、实践操作能力、项目完成情况等，如采用过程性评价与终结性评价相结合、教师评价与学生自评互评相结合的方式，全面、客观地评价学生的学习效果。

3. DACUM 工作分析法在高职教育课程设计中的应用案例分析

某高职院校机电一体化技术专业为了提高人才培养质量，增强学生的就业竞争力，引入 DACUM 工作分析法进行课程设计改革。该专业主要面向机电设备制造、安装、调试、维护等职业岗位，随着行业的发展和技术的进步，对人才的职业能力要求不断提高，原有的课程体系已不能很好地满足企业需求。

1）DACUM 工作分析法的实施过程

（1）组建专家团队。邀请了来自本地知名机电制造企业的工程师、技术骨干以及该高职院校机电一体化技术专业的骨干教师共 10 人组成 DACUM 专家团队。对专家团队成员进行了为期两天的 DACUM 工作分析法培训，使其熟悉分析流程和方法。

（2）确定职业岗位与工作任务。通过对多家机电制造企业的调研，确定该专业主要面向机电设备安装调试员、机电设备维修员、机电产品工艺员等职业岗位。组织专家团队运用头脑风暴法，对这些职业岗位的工作任务进行梳理，共梳理出包括机电设备安装、机电设备调试、机电设备故障诊断与维修、机电产品工艺编制等 30 余项工作任务。

（3）分析工作任务所需能力。针对每一项工作任务，专家团队详细分析了所需的知识、技能和态度。例如，在机电设备故障诊断与维修工作任务中，所需知识包括机械原理、电气控制技术、传感器技术等；技能包括使用检测仪器仪表进行故障检测、拆卸和装配机电设备零部件、修复或更换故障零部件等；态度方面要求具备严谨的工作态度、较强的责任心和团队协作精神。同时，对这些能力进行了层次划分，明确了基础能力、核心能力和拓展能力。

（4）构建 DACUM 表。根据工作任务和能力分析结果，设计并构建了机电一体化技术专业 DACUM 表。在 DACUM 表中，详细列出了职业岗位、工作任务、能力领域以及具体能力要求等内容，为后续课程开发提供了清晰的依据。

（5）基于 DACUM 表开发课程。以 DACUM 表为基础，对机电一体化技术专业课程体系进行了重构。构建了由机械制图与 CAD、电工电子技术、机电设备安装与调试、机电设备故障诊断与维修、机电产品工艺设计等课程组成的课程体系。针对每门课程，根据 DACUM 表中的能力要求，设计了具体的教学内容，采用了项目教学法、案例教学法等教学方法，并建立了多元化的评价体系。

2）应用效果

（1）课程与职业岗位匹配度显著提高。通过 DACUM 工作分析法开发的课程体系，紧密围绕机电一体化技术专业职业岗位需求，课程内容与实际工作任务高度契合。企业反馈，该专业毕业生在入职后能够迅速适应工作岗位，上手快，工作能力强。

（2）学生职业能力明显提升。新的课程体系注重实践教学和学生职业能力培养，学生在项目实践中锻炼了动手能力和解决实际问题的能力。在各类职业技能竞赛中，该专业学生获奖数量明显增加，职业资格证书获取率也大幅提高，表明学生的职业能力得到了显著提升。

（3）就业质量得到改善。由于学生职业能力的提升，该专业毕业生的就业竞争力增强，就业质量得到明显改善。毕业生就业对口率提高，薪资待遇也有所提升，同时受到企业的好评，为学校赢得了良好的社会声誉。

4. DACUM 工作分析法在高职教育课程设计应用中存在的问题及解决策略

1）存在的问题

（1）专家团队的局限性。虽然 DACUM 专家团队主要由行业企业一线人员组成，但部分专家可能对教育教学规律了解不足，在将工作任务转化为课程内容时，可能存在与教学实际脱节的问题。此外，专家团队成员的工作经验和认知水平存在差异，可能导致对工作任务和能力要求的分析不够全面和准确。

（2）职业岗位变化快速。随着科技的飞速发展和产业结构的不断调整，职业岗位的工作内容和能力要求也在快速变化。DACUM 工作分析法所依据的职业岗位信息可能在课程开发过程中或课程实施后不久就发生了变化，导致课程与实际职业岗位需求出现偏差。

（3）学校资源限制。基于 DACUM 工作分析法开发的课程往往需要更多的实践教学资源支持，如实训设备、实习场地、企业兼职教师等。然而，部分高职院校由于资金、场地等方面的限制，无法满足课程实施所需的实践教学条件，影响了课程的教学效果。

2）解决策略

（1）加强专家团队建设。在组建 DACUM 专家团队时，除了注重成员的行业企业实践经验外，还应选拔具有一定教育教学知识和经验的人员加入。同时，加强对专家团队成员的培训，不仅要培训 DACUM 工作分析法的操作技能，还要开展教育教学理论和方法的培训，提高专家团队将工作任务转化为课程内容的能力。此外，在分析过程中，可采用多轮讨论和验证的方式，充分发挥团队成员的优势，减少因个体差异导致的分析偏差。

（2）建立动态更新机制。高职院校应建立与行业企业的紧密联系机制，定期开展职业岗位调研，及时了解职业岗位的变化情况。根据职业岗位的动态变化，对 DACUM 表和课程体系进行适时调整和更新，确保课程内容始终与职业岗位需求保持同步。同时，鼓励教师关注行业发展动态，将新技术、新工艺、新方法及时融入课程教学中。

（3）加大学校资源投入。学校应加大对实践教学资源的投入力度，积极争取政府、企业等各方的支持，改善实训设备和实习场地条件。加强与企业的合作，建立稳定的校外实习基地，充分利用企业的资源开展实践教学。此外，积极引进企业兼职教师，充实教师队伍，提高实践教学水平。

3.1.2 典型工作任务提取技术

典型工作任务（TWA）是指在职业工作中具有代表性、综合性和完整性的工作任务，它涵盖了职业岗位的主要工作内容与技能要求，体现了职业发展的规律与趋势。典型工作任务具有以下特点。即①真实性。来源于企业实际工作场景。②综合性。融合了多种知识、技能与职业素养。③发展性。反映了职业能力从初级到高级的进阶过程。④典型性。能够代表该职业领域的核心工作内容。

TWA 提取技术基于职业教育学习领域课程理论，强调以工作过程为导向构建课程体系。该理论认为，职业教育课程应打破传统学科体系的束缚，按照职业岗位的工作过程和典型工作任务进行重构，使学生在完成工作任务的过程中学习知识、掌握技能、培养职业素养。同时，TWA 提取技术还借鉴了能力本位教育（CBE）理论，以职业能力培养为核心，通过对典型工作任务的分析确定所需职业能力，进而围绕这些能力设计课程内容与教学活动。

1. TWA 提取技术在高职教育课程设计中的优势

TWA 提取技术通过深入企业调研，准确把握职业岗位的实际工作任务与能力要求，使课程设计能够紧密围绕职业需求展开，有效解决课程与岗位脱节的问题。该技术将零散的工作任务归纳为典型工作任务，有助于学生形成对职业的整体认识，理解知识技能在真实工作中的应用价值。此外，基于 TWA 的课程设计更注重工作过程的完整性，有助于培养学生的综合职业能力。

2. TWA 提取技术在高职教育课程设计中的实施步骤

1）深入企业调研

组织专家团队（通常由教育专家、企业技术骨干和人力资源专家等 8 ~ 12 人组成）深入相关企业，通过访谈、观察、问卷调查等方式，全面了解企业的工作流程、岗位职责、任务内容等。

2）确定典型工作任务

在调研基础上，专家团队共同研讨，将收集到的工作任务进行归类、筛选和整合，提炼出能够代表该职业领域核心能力的若干典型工作任务。例如，在物流管理专业的 TWA 提取中，可能确定出“仓储作业管理”“运输调度与执行”“客户关系维护”等若干个典型工作任务。

3）分析完成 TWA 所需职业能力

对每个典型工作任务进行深入分析，明确完成该任务所需具备的知识、技能、态度及职业素养，形成详细的职业能力描述。

4）构建基于典型工作任务的课程体系

根据分析得出的职业能力要求，反向设计课程内容与教学活动，将相关的知识、技能和素养要求融入具体的课程模块中，构建以工作过程为导向、以职业能力培养为核心的新型课程体系。

3. TWA 提取技术在高职教育课程设计中的应用案例分析

某高职院校物流管理专业为适应现代物流行业的快速发展，满足企业对高素质物流人才的需求，引入典型工作任务（typical work analysis，TWA）提取技术，开展课程设计改革。原有的课程体系存在理论与实践脱节、内容陈旧等问题，导致学生毕业后难以满足企业岗位的实际需求。

1）TWA提取技术的实施过程

（1）行业企业调研。调研团队对本地及周边地区的物流企业开展了为期两个月的深入调研，涵盖运输企业、仓储企业、快递企业等多种类型的物流企业。通过问卷调查、访谈和实地观察等方式，广泛收集了关于物流岗位的工作内容、技能要求和职业发展路径等信息。

（2）典型工作任务确定。根据调研结果，专家团队经过多次研讨和筛选，最终确定了物流管理专业10个典型工作任务，包括货物运输组织、仓储管理、配送作业、物流信息系统操作、供应链管理等。

（3）职业能力分析。针对每个典型工作任务，分析其所需的职业能力，并将能力要素细分为知识、技能和职业素养三个维度，进一步划分为初级、中级和高级三个层次。以“货物运输组织”任务为例。

①初级能力。掌握货物分类与包装知识，具备基本的运输路线规划技能。

②中级能力。能够进行运输成本核算和运输方案优化。

③高级能力。具备运输风险管理能力和供应链协同运输组织能力。

（4）课程体系构建。基于典型工作任务和职业能力分析，重构了物流管理专业的课程体系。设计了包括“物流基础”“仓储与配送管理”“运输管理实务”“物流信息系统应用”“供应链管理”等课程模块，并科学安排课程顺序。同时，制定了详细的课程标准，明确各门课程的教学目标、教学内容和评价方式，确保课程内容与岗位需求紧密对接。

2）应用效果

（1）课程与岗位需求高度契合。改革后的课程体系紧密围绕物流行业岗位的实际需求，课程内容与典型工作任务紧密结合，学生所学知识和技能能够直接应用于实际工作，实现了课程与岗位的无缝对接。企业反馈显示，该专业毕业生能够迅速适应工作环境，独立完成工作任务。

（2）学生职业能力显著提升。通过以典型工作任务为载体的教学模式，学生在实践操作中得到了充分锻炼。在全国职业院校物流技能大赛中，该专业学生获奖数量和等级显著提升；同时，职业资格证书的获取率也大幅提高，表明学生的职业能力得到了有效培养和提升。

（3）教学质量全面提高。新的课程体系和教学模式激发了学生的学习兴趣和主动性，课堂教学效果明显改善。教师在参与课程开发和实践教学的过程中，教学能力和专业水平也得到了提升。同时，校企合作更加紧密，企业参与教学过程，为学生提供实习和就业机会，进一步提升了人才培养质量和社会认可度。

4. TWA提取技术在高职教育课程设计中应用存在的问题及解决策略

1）存在的问题

（1）企业参与度不足。部分企业由于生产任务繁重、缺乏合作动力等原因，参与TWA提取的积极性不高，导致调研数据不全面、不准确，影响典型工作任务的确定和课程设计质量。

（2）教师能力有待提升。TWA 技术的应用对教师的行业调研能力、课程开发能力和实践教学能力提出了较高要求。然而，部分高职教师缺乏企业实践经验，对行业发展动态了解不足，难以适应基于典型工作任务的课程设计与教学要求。

（3）课程实施保障困难。基于典型工作任务的课程体系需要充足的实践教学资源支持，如实训设备、实习场地和教学软件等。但部分高职院校由于资金有限，实践教学资源匮乏，难以满足课程实施需求，影响教学效果。

2）解决策略

（1）加强校企合作机制建设。建立校企合作的长效机制，通过签订合作协议、共建产业学院、设立企业奖学金等方式，提高企业参与课程开发的积极性。明确校企双方在课程设计、教学实施、学生实习就业等方面的权利与义务，实现互利共赢。同时，加强与行业协会的合作，发挥行业协会的桥梁作用，促进校企深度合作。

（2）提升教师专业能力。加强教师培训，组织教师参与企业实践锻炼、行业培训和学术交流活动，提升其行业调研能力、课程开发能力和实践教学能力。鼓励教师参与企业项目研发和技术服务，积累实践经验。同时，引进企业技术骨干担任兼职教师，与校内教师组成教学团队，共同开展课程设计和教学工作，实现优势互补。

（3）加大实践教学资源投入。学校应通过政府拨款、企业赞助、学校自筹等多种渠道筹集资金，改善实训设备和实习场地条件。开发虚拟仿真教学资源，利用现代信息技术构建虚拟工作场景，弥补实训设备和场地的不足。加强与企业的合作，共建校外实习基地，为学生提供真实的实践环境，确保基于典型工作任务的课程顺利实施。

通过 TWA 提取技术在课程设计中的有效应用，该高职院校物流管理专业实现了课程内容与岗位需求的精准对接，显著提升了学生的职业能力与就业竞争力，为推动职业教育高质量发展提供了有益探索和实践经验。

3.2 课程结构重构四步法

当前，许多高职院校的课程体系仍存在与岗位需求脱节、课程内容陈旧、实践教学薄弱等问题，难以满足产业发展对高素质技术技能人才的迫切需求。因此，以岗位需求为导向，对课程结构进行系统性重构，是提升职业教育人才培养质量的关键环节。

3.2.1 行业调研与岗位图谱绘制

1. 行业调研的重要性与方法

行业调研在高职课程设置中具有重要的导向作用。随着产业结构的不断调整和升级，行业对人才的需求也持续发生变化。通过深入的行业调研，高职院校能够精准把握市场动态和企业需求，了解行业发展趋势、新技术应用情况以及岗位技能要求的变化，从而实现课程设置与实际需求的紧密对接，培养出更符合市场需求的高素质技能型人才。

在调研方法上，应采用多种方式相结合，以确保获取全面、准确的信息。以下是几种常用的调研方法。

问卷调查是一种广泛应用的调研方式。通过精心设计问卷，向企业、行业专家、毕业生等群体发放，可以大规模收集关于岗位需求、技能重要性、课程满意度等方面的数据。例如，针对企业发放的问卷可涵盖企业对不同专业人才的需求数量、所需的核心技能、期望毕业生具备的职业素养等内容；对毕业生的问卷则可用于了解他们在实际工作中遇到的问题、对在校所学课程的实用性评价以及对课程改进的建议。

访谈法能够深入获取受访者的观点和经验，获得更具深度的信息。可以与企业的人力资源主管、一线技术骨干、项目经理等进行面对面访谈，探讨企业的人才需求特点、岗位工作流程、对高职院校人才培养的期望和建议等。通过访谈，还能挖掘出一些潜在的需求和问题，为课程设置提供更具针对性的参考。

数据分析也是行业调研的重要手段之一。借助大数据技术，收集和分析行业报告、招聘网站数据、企业年报等信息，能够从宏观层面把握行业发展趋势和人才需求状况。例如，通过分析招聘网站上不同岗位的招聘数量、薪资水平、技能要求等数据，可以了解各岗位的市场需求热度和技能需求重点；研究行业报告中的产业发展趋势、技术创新方向等内容，有助于明确课程设置的重点和发展方向。

2. 岗位图谱绘制流程与示例

岗位图谱绘制是将行业调研结果进行系统梳理和可视化呈现的重要步骤，能够清晰展示各岗位的职责、技能要求、职业发展路径等信息，为课程设计提供直观、科学的依据。其绘制流程通常包括以下几个步骤：

1）岗位信息收集

通过行业调研、企业走访、招聘信息分析等途径，广泛收集目标岗位的相关信息，包括岗位职责、工作任务、所需知识和技能、职业资格要求等，确保信息的全面性和准确性。

2）岗位分类与层级划分

根据岗位的性质、工作内容和技能要求，对收集到的岗位进行分类，如管理类、技术类、操作类等，并进一步划分岗位层级，明确各层级之间的关系和晋升路径，为后续的课程模块设计提供依据。

3）技能要素分解

对每个岗位所需的技能进行详细分解，将其划分为知识、技能、素质等不同要素，并明确每个要素的具体内容和要求。例如，对于一个技术岗位，技能要素可能包括专业知识（如编程语言、工程原理等）、操作技能（如设备操作、工具使用等）、沟通能力、团队协作能力等。

4）绘制岗位图谱

以图表形式直观呈现岗位信息，常见的图谱形式包括矩阵式岗位图谱和树状岗位图谱。

（1）矩阵式岗位图谱以岗位为行，技能要素为列，清晰展示每个岗位与技能要素之间的对应关系，便于课程模块与岗位能力的匹配。

（2）树状岗位图谱则更侧重于展示岗位的层级结构和职业发展路径，有助于学生了解职业成长方向和课程体系的递进性设计。

以税务代理岗位为例，绘制岗位能力矩阵。税务代理岗位主要负责为企业或个人提供税务筹划、纳税申报、税务咨询等服务。其岗位能力矩阵如表 3 – 1 所示。

表 3-1 税务代理岗位能力矩阵

岗位	知识要求	技能要求	素质要求
税务代理专员	熟悉税收法律法规、财务会计知识、税务筹划原理	熟练掌握税务申报软件操作、具备财务报表分析能力、能够撰写税务筹划方案	具备良好的沟通能力、责任心强、严谨细致
税务代理主管	深入了解税收政策动态、掌握企业财务管理知识、熟悉税务审计流程	具备团队管理能力、能够解决复杂税务问题、与税务机关保持良好沟通	具备较强的领导能力、决策能力、风险意识
税务代理经理	精通税收法律法规和政策、熟悉企业战略管理知识、了解国际税收规则	具备战略规划能力、市场开拓能力、协调各方资源的能力	具备卓越的领导力、创新能力、全局观念
税务审计	熟记税收优惠政策适用条件、熟悉企业税收风险类型、能够正确使用风险管控办法	具备税收风险筛查能力、税收风险管控意识、随着情况变化而改变策略的能力	具备细致认真的洞察能力和随机应变能力

通过这个岗位能力矩阵，可以清晰地看到不同层级税务代理岗位的能力要求差异，为课程设计提供了明确的方向。

3.2.2 案例分析：财税专业行业调研与岗位图谱成果

某高职院校“大数据与会计”专业在课程结构重构中，首先开展了广泛深入的行业调研，并绘制了详细的岗位图谱。岗位图谱显示，行业对人才的需求呈现多元化趋势，不仅要求扎实的财税基础，还强调数据分析、沟通协作、创新思维等综合素质。基于此，学校对现有课程体系进行了全面优化。

在课程设置方面，增加了“财务数据分析”“税务管理与筹划”“财务共享服务”等反映行业新需求的课程；对原有“基础会计”“财务会计”等核心课程进行了内容更新，融入了大数据思维和信息技术应用；同时，开设了“职场沟通技巧”“团队协作与领导力”“创新思维与方法”等素质拓展课程，强化学生综合职业素养。

在实践教学方面，学校加强了与多家代理记账公司、财务软件公司的合作，建立了稳定的校外实习实训基地，为学生提供真实的工作场景和实践机会；改革了校内实训模式，引入企业真实业务案例和财务软件，提升实训的仿真度和实效性。

通过这些基于岗位需求的课程结构重构措施，该校“大数据与会计”专业的人才培养质量显著提升。毕业生的职业能力和综合素质更符合行业期望，就业竞争力明显增强，受到用人单位广泛好评，专业的社会声誉也随之提升。

3.2.3 工作过程系统化课程开发流程

1. 工作过程系统化课程概述

工作过程系统化课程是一种以职业工作过程为导向，将理论知识与实践技能有机融合的课程模式。其核心思想在于打破传统学科体系的束缚，以实际工作任务为载体，按照工作过程的逻辑顺序来组织和实施教学，使学生在完成工作任务的过程中掌握相关的知识和技能，培养职业能力和素养。

与传统课程相比，工作过程系统化课程具有显著的优势。传统课程往往以学科知识为中心，注重知识的系统性和完整性，但教学内容与实际工作脱节，让学生在学习过程中难以将所学知识应用到实际工作中。工作过程系统化课程以工作任务为驱动，学生在真实或模拟的工作情境中学习，能够更好地理解知识的实际应用价值，提高学习的积极性和主动性。这种课程模式强调培养学生的实践操作能力和问题解决能力，学生通过完成一系列具有挑战性的工作任务，能锻炼动手能力、创新能力和团队协作能力，这些能力正是现代企业急需的能力。此外，工作过程系统化课程还能根据行业发展和企业需求的变化及时调整教学内容，保持课程的时效性和适应性，使学生毕业后能更快适应工作岗位的要求。

2. 课程开发的具体步骤解析

工作过程系统化课程开发主要遵循以下步骤。

（1）分析典型工作任务。深入企业调研，了解职业岗位的实际工作内容、流程和要求，提取具有代表性、综合性和完整性的典型工作任务。分析这些任务所包含的工作对象、工具、方法、劳动组织形式以及工作要求等要素。

（2）归纳行动领域。在典型工作任务分析的基础上，根据工作任务的相关性、复杂程度和职业能力要求，对工作任务进行归纳和整合，形成若干个行动领域。每个行动领域都代表了完成一类复杂工作任务所需综合运用的知识、技能和素养的集合。

（3）转换学习领域。将归纳出的行动领域进行教学化处理，转化为具体的学习领域（即课程）。明确每门课程的学习目标、内容、教学方法和考核方式。这一转换过程要注重将工作过程的逻辑转化为教学过程的逻辑，确保课程内容既能反映工作实际，又符合学生的认知规律。

（4）设计学习情境。为每个学习领域设计具体的学习情境，即教学单元或项目。学习情境应尽可能模拟真实的工作环境，包含明确的工作任务、完成任务的步骤和要求。通过引导学生完成这些学习情境中的任务，促使学生主动建构知识，提升职业能力。

在课程开发过程中，还需注重融入职业素养教育。除了专业知识和技能，还应关注学生的职业道德、职业态度、沟通协作能力、创新精神等，使学生具备适应社会和职场的综合能力。例如，可以在课程项目中设置团队协作环节，培养学生的合作精神；通过案例分析，引导学生思考职业道德问题。

持续优化课程结构和教学方法也是未来高职教育课程改革的关键。应根据行业发展和学生需求，不断调整和优化课程结构，增加实践教学比重，减少理论教学课时，使课程更加注重实践操作和技能培养。例如，将一些理论性较强的课程进行整合和精简，将更多的时间用于实践教学和项目训练；开发更多的实践课程和实训项目，为学生提供更多的实践机会。在教学方法上，积极推广项目式教学、案例教学、小组合作学习等先进的教学方法，激发学生的学习兴趣和主动性，提高教学效果。例如，在项目式教学中，教师将课程内容分解为若干个项目，学生在完成项目的过程中，综合运用所学知识和技能，解决实际问题，培养学生的综合能力和创新能力；在案例教学中，教师选取实际工作中的案例，引导学生进行分析和讨论，使学生在案例分析中掌握知识和技能，提高解决实际问题的能力。

3.3 案例剖析：机电一体化专业课程开发实例

以湖南有色金属职业技术学院的机电一体化专业为例，该校在课程开发过程中，严格遵循工作过程系统化课程开发流程，取得了显著成效。

在工作任务分析阶段，该校专业教师团队深入多家机电相关企业进行实地调研，与企业技术骨干、车间主任等一线人员进行了深入交流，细致梳理了机电一体化专业相关岗位的工作任务。通过调研，团队确定了包括设备安装与调试、设备维护与维修、电气控制系统设计、机械零件加工等在内的30余个典型工作任务。

在行动领域归纳环节，依据工作性质相似、行动维度一致的原则，将这些典型工作任务归纳整合为6个行动领域。这些行动领域分别是：机电设备安装与调试、机电设备维护与管理、电气控制系统设计与实施、机械加工工艺编制与实施、生产组织与管理、质量检测与控制。

在学习领域转换阶段，以行动领域为基础，融入教育目标与要素，将行动领域成功转换为具体的学习领域，从而构建了机电一体化专业的课程体系。例如，将“机电设备安装与调试”行动领域细化为“机电设备安装与调试技术”“自动化生产线安装与调试”等学习领域；将“电气控制系统设计与实施”行动领域细化为“电气控制技术”“PLC应用技术”“工业机器人应用技术”等学习领域。

在学习情境设计方面，针对每门课程，都设计了多个紧密结合实际应用背景的学习情境。以“PLC应用技术”课程为例，设计了“基于PLC的自动分拣系统控制”“基于PLC的电梯控制系统设计”“基于PLC的恒压供水系统实现”等具体的学习情境。每个学习情境都要求学生完整经历从项目需求分析、方案设计、程序编写、设备调试到最终项目验收的全过程，确保学生在实践中深入掌握PLC的应用技术，并有效提升其解决实际工程问题的能力。

通过实施工作过程系统化课程开发，该校机电一体化专业的教学质量得到了显著提升。学生的学习积极性明显提高，实践操作能力和职业素养得到了有效培养，毕业生因此受到了用人单位的广泛欢迎，就业竞争力显著增强。同时，该校的课程改革经验也为其他高职院校开展类似课程开发工作提供了有益的借鉴。

3.3.1 模块化课程包的柔性组合策略

1. 模块化课程包的定义与特点

模块化课程包是将课程内容按照特定的知识领域、技能范畴或职业岗位需求，划分成相对独立又相互关联的模块，这些模块经过系统整合形成具有特定功能和目标的课程集合。每个模块都包含明确的学习目标、教学内容、教学方法和评价方式，能够独立进行教学和学习，也可根据不同的需求进行灵活组合。

模块化课程包具有显著的灵活性特点。它打破了传统课程体系的固定框架，学生可以根据自己的兴趣、能力和职业规划，自主选择适合自己的课程模块，实现个性化的学习路径。例如，对于计算机专业的学生，在学习编程语言模块时，可根据自身兴趣和未来职业方向，选择 Python、Java 或 C ++ 等不同的编程语言模块进行深入学习，满足不同学生对知识和技能的差异化需求。

模块化课程包还具备可扩展性。随着行业的快速发展和知识的不断更新，新的课程模块能够方便地融入现有的课程包中，保持课程内容的时效性和先进性。以新能源汽车专业为例，随着电池技术的不断革新和智能驾驶技术的兴起，可及时增加固态电池技术、智能驾驶算法等新的课程模块，使学生能够接触到行业最新的知识和技术，更好地适应市场需求。此外，模块化课程包的各模块之间存在有机的联系，通过合理的组合和编排，能够构建起完整的知识体系，帮助学生建立系统的认知结构。

2. 柔性组合策略的实施要点

实施模块化课程包的柔性组合策略，需要充分考虑学生的个性化需求和行业的动态变化。在满足学生需求方面，学校应建立完善的学生需求调研机制，定期通过问卷调查、访谈、学习数据分析等方式，了解学生的兴趣爱好、学习能力、职业规划等信息。例如，在每学期开学前，组织学生进行在线问卷调查，收集学生对本学期课程模块选择的意向和建议；在学习过程中，通过学习管理系统分析学生的学习行为数据，如课程浏览记录、作业完成情况、考试成绩等，了解学生的学习进度和困难，为课程模块的个性化组合提供依据。

根据学生的不同需求，学校可以提供多样化的课程模块组合方案。对于基础较好、学习能力较强的学生，可提供具有挑战性的高级课程模块组合，如专业前沿技术、创新实践项目等，培养学生的创新能力和高端技能；对于基础相对薄弱的学生，则提供基础巩固和技能提升的课程模块组合，帮助学生夯实基础，逐步提高学习能力。同时，鼓励学生自主选择课程模块，为学生提供专业的选课指导，帮助学生了解各课程模块的内容、目标和适用对象，引导学生合理规划学习路径。

面对行业变化，学校要建立紧密的行业跟踪机制，关注行业政策法规、技术发展趋势、市场需求变化等信息。与行业协会、龙头企业保持密切的合作关系，定期参加行业研讨会、技术交流会，及时获取行业最新动态。例如，对于机械制造专业，关注智能制造技术的发展，及时了解工业机器人、数字化设计与制造等领域的新技术、新工艺，为课程模块的更新和调整提供方向。

基于行业需求，动态调整课程模块组合。及时淘汰过时的课程模块，如传统的手工绘图模块在数字化设计时代逐渐被淘汰；增加新兴的课程模块，如工业互联网、人工智能在制造领域的应用等。同时，对现有课程模块的内容进行更新和优化，融入行业的新知识、新技能和新方法，使课程模块始终与行业需求保持同步。

在实施柔性组合策略时，还需注意课程模块之间的逻辑关系和知识衔接。确保组合后的课程模块能够形成有机的整体，避免出现知识重复或脱节的现象。例如，在设计电子信息工程专业的课程模块组合时，要考虑电路原理、模拟电子技术、数字电子技术等模块之间的先后顺序和知识关联，使学生能够循序渐进地掌握专业知识和技能。

3. 实践案例：湖南有色金属职业技术学院模块化教学改革成效

湖南有色金属职业技术学院在模块化教学改革方面取得了显著成效。以该校大数据与会计专业的“智慧化税费申报与管理”课程为例，学校依据岗位工作业务分工来设计课程结构，构建了一个包含“办税员”“税务会计”“税务审计”“税务主管”四个业务模块的模块化课程包。

在实施过程中，课程设计紧密结合这四种岗位的业务类型差异。例如，将涉及的不同税种知识与实践技能，按照各岗位的核心职责进行划分和侧重。教学实施时，充分考虑学生的兴趣和职业规划，为他们提供了灵活的模块组合方案。其中，“办税员”和“税务会计”模块被设定为必修内容，确保学生掌握基础技能。对于对税收申报方向感兴趣的学生，学校推荐选择“办税员”、“税务会计”及“税务主管”模块的组合；而对于更关注税收管理领域的学生，则推荐选择包含“办税员”、“税务会计”、“税务主管”和“税务审计”在内的更全面的模块组合。同时，学校鼓励学生根据个人兴趣和能力，在规定的学分框架内自主选择部分课程模块。

通过实施模块化课程包的柔性组合策略，该校大数据与会计专业学生学习税费申报与管理的积极性显著提高。学生能够依据自身需求选择课程模块，学习目标更加明确，学习的主动性和自觉性也随之增强。在课程学习过程中，学生参与度普遍较高，课堂讨论氛围活跃，能够积极运用所学知识分析和解决实际问题。

从学生反馈来看，他们对模块化教学给予了高度评价。学生普遍认为，这种教学模式使学习过程更加灵活，能够有效满足个性化发展需求，提升了学习的针对性和实用性。通过选择自己感兴趣的课程模块，学生的学习兴趣得到了充分激发，学习效果明显改善。许多学生表示，在模块化课程的学习中，不仅系统掌握了专业知识和技能，还在自主学习能力和创新思维方面得到了有效培养。

在教学成果方面，该校大数据与会计专业学生的职业能力和就业竞争力得到了显著提升。学生在各类税务技能竞赛中屡获佳绩。例如，在 2025 年“科云杯”全国大学生税务技能大赛中，该校代表队两组学生均荣获一等奖。毕业生的就业情况良好，就业对口率高，受到了用人单位的广泛认可和好评。企业反馈表明，该校毕业生专业知识扎实，实践操作能力强，能够快速适应工作岗位需求，并在工作中展现出较强的创新能力和团队协作精神。这些成果充分证明了模块化课程包柔性组合策略的有效性与可行性。

3.3.2 动态更新机制与质量监控体系

1. 动态更新机制的建立与运行

在快速发展的现代社会，行业变化日新月异，技术创新层出不穷。为了使高职课程内容始终与行业发展、技术进步保持同步，建立科学有效的动态更新机制至关重要。这一机制能够确保课程内容及时反映行业的最新动态和技术要求，使学生所学知识和技能具有时效性和实用性，为学生毕业后顺利进入职场奠定坚实基础。

建立动态更新机制，首先要构建行业信息跟踪系统。高职院校应与行业协会、龙头企业建立紧密的合作关系，通过参加行业研讨会、技术交流会、定期走访企业等方式，及时获取行业政策法规的调整、新技术的应用、新设备的引进等信息。例如，对于机械制造专业，要关注智能制造技术的发展趋势，了解工业机器人、增材制造等新技术在行业中的应用情况；对于护理专业，要跟踪医学领域的最新研究成果、护理理念的更新以及新的护理技术和设备的应用。同时，利用互联网平台和大数据技术，收集和分析行业报告、企业招聘信息、技术论坛等网络资源，从海量数据中挖掘有价值的信息，为课程内容的更新提供数据支持。

基于行业信息的收集和分析，制订课程内容更新计划。明确更新的周期和时间节点，例如每年对课程内容进行一次全面审查，每学期根据行业的紧急变化进行局部调整。在更新计划中，详细列出需要更新的课程模块、知识点和技能点，以及更新的具体内容和方式。例如，对于电子信息专业的“电路原理”课程，随着新型电子器件的不断涌现，需要及时将新型器件的特性、应用电路等内容纳入课程教学中；对于大数据与会计专业的“智慧化税费申报与管理”课程，要根据税收政策的更新和税收征收手段的变化，及时调整课程内容，增加新的纳税申报流程和风险管控案例。

在实施课程内容更新时，应充分发挥教师的主体作用。组织教师参加行业培训和企业实践，提升教师对行业新技术、新方法的认识和掌握能力，使其能够将行业的最新知识和技能融入教学中。鼓励教师参与课程开发和教材编写工作，根据行业需求和课程更新计划，编写具有时效性和实用性的教材和教学资料。例如，湖南化工职业技术学院的计算机专业教师了解到人工智能技术在行业中的广泛应用后，主动参与“人工智能基础”课程的开发，编写了相关教材和教学案例，为学生提供了前沿的知识和技能培训。同时，加强与企业技术人员的合作，邀请企业专家参与课程教学和指导，他们能够带来企业实际工作中的经验和案例，丰富课程教学内容，使学生更好地了解行业实际需求。

2. 质量监控体系的构成与作用

质量监控体系是保障高职课程教学质量的关键环节，它贯穿于教学的全过程，涵盖教学过程监控、教学质量评价等多个重要环节，对于提高教学质量、促进学生全面发展具有重要作用。

教学过程监控是质量监控体系的基础环节，通过多种方式对教学的各个环节进行实时监督和管理。建立教学督导制度，由经验丰富的教师和教学管理人员组成教学督导组，不定期深入课堂听课，检查教师的教学态度、教学方法、教学内容的组织等情况，及时发现教学中存在的问题并提出改进建议。加强对教学文件的管理，对教学大纲、授课计划、教案等教学文件进行严格审核，确保教学文件的规范性和科学性，使教学活动有章可循。同时，利用教学管理信息化平台，对教师的教学进度、作业批改、学生考勤等情况进行实时监控，及时掌握教学动态，保证教学过程的顺利进行。

教学质量评价是质量监控体系的核心环节，通过多元化的评价方式对教学质量进行全面、客观的评估。学生评教是教学质量评价的重要组成部分，学生作为教学活动的直接参与者，能够对教师的教学效果给出直观的评价。学校应定期组织学生通过在线评价系统或纸质问卷的方式，对教师的教学态度、教学方法、教学内容掌握程度等方面进行评价，评价结果应作为教师教学质量考核的重要依据之一。同行互评也是教学质量评价的有效方式，教师之间相互听课、评课，分享教学经验，互相学习、互相促进，共同提高教学水平。此外，还应引入企业评价，邀请企业专家对学生的实践能力、职业素养等方面进行评价，了解企业对人才培养的满意度和需求，为教学质量的改进提供方向。

教学质量反馈与改进是质量监控体系的关键环节，通过对教学过程监控和教学质量评价中发现的问题进行及时反馈和整改，不断提高教学质量。建立教学质量反馈机制，将教学督导、学生评教、同行互评和企业评价的结果及时反馈给教师和教学管理部门。教师根据反馈意见制定整改措施，改进教学方法和教学内容；教学管理部门针对教学过程中存在的共性问题，制定相应的政策和措施，优化教学管理流程，加强教学资源的配置和管理。例如，湖南有色金属职业技术学院税务教学团队在教学质量评价中发现“智慧化税费申报与管理”课程中实践教学环节存在不足，学生的实践能力有待提高。学校针对这一问题，加强了与企业的合作，建立了更多的实习实训基地，增加了实践教学的课时，优化了实践教学的课程体系，同时加强了对实践教学的指导和考核，使学生的实践能力得到了显著提升。

质量监控体系的建立和完善，能够及时发现教学中存在的问题，为教学质量的改进提供依据和方向，促进教师教学水平的提高和学生综合素质的提升，增强高职院校的竞争力和社会认可度，为培养高素质技能型人才提供有力保障。

3.3.3 案例探讨：湖南有色金属职业技术学院税费计算与申报课程更新与质量保障经验

湖南有色金属职业技术学院在税费计算与申报课程更新与质量保障方面采取了一系列切实有效的措施，积累了宝贵经验，对教学质量的提升产生了积极而显著的作用。

在课程更新方面，课程团队建立了紧密的行业合作机制。学校与多家知名企业签订合作协议，成立了由企业高管、技术专家和学校专业教师组成的专业建设指导委员会。企业定期向学校反馈行业发展动态和人才需求变化，为课程更新提供依据。例如，在个人所得税模块的课程更新中，企业反映大数据分析技术在个人所得税预扣中的应用日益广泛，对相关人才的需求持续增长。课程团队据此及时调整模块内容，增加了“个人所得税数据分析”“大数据与风险筛查”等新内容，并对原有课程资源进行了更新，融入了大数据和人工智能相关的知识点与实践项目。

为确保课程内容的时效性，该校每年组织教师深入企业进行实践调研。教师们在企业参与实际项目开发与实施，了解行业最新技术和工作流程，将实践经验带回课堂，更新教学内容。同时，学校鼓励教师参加各类行业培训和学术研讨会，及时掌握学科前沿知识和技术发展趋势，不断提升自身的专业素养和教学能力。通过这些措施，税费计算与申报课程内容始终保持与行业发展同步，使学生能够学到最新的知识和技能，有效提高了学生的就业竞争力。

在质量保障方面，该校构建了完善的质量监控体系。在教学过程监控上，实行教学督导与智能管理相结合。例如，利用AI技术对课堂进行监测，旨在实时收集学生学习数据，辅助评估教学效果；同时，通过教学管理信息化平台，对教师的教学进度、作业批改、学生考勤等情况进行实时监控，确保教学过程的规范有序。

通过课程更新与质量保障措施的实施，税费计算与申报课程教学质量得到了显著提升。毕业生的就业质量也大幅提高，就业对口率达到54%以上，受到了企业的广泛认可和好评。企业反馈表明，该校毕业生专业知识扎实，实践能力强，能够快速适应工作岗位需求，在工作中展现出较强的创新能力和团队协作能力。这些成果充分证明了该校课程更新与质量保障措施的有效性和可行性，为其他高职院校提供了有益的借鉴。

高职教育课程结构重构的四步法，通过行业调研与岗位图谱绘制，精准把握行业需求和岗位能力要求，为课程设计提供了坚实依据。以税务代理岗位能力矩阵为例，它清晰呈现了不同岗位层级的知识、技能和素质要求，使课程设置更具针对性。工作过程系统化课程开发流程以实际工作任务为导向，打破传统学科体系束缚，将理论知识与实践技能有机融合。通过工作任务分析、行动领域归纳、学习领域转换和学习情境设计等步骤，构建了符合职业成长规律和学生认知规律的课程体系。模块化课程包的柔性组合策略充分考虑了学生的个性化需求和行业的动态变化。模块化课程包具有灵活性和可扩展性，学生可根据自身兴趣和职业规划自主选择课程模块，实现个性化学习。同时，课程模块能够根据行业需求及时更新和调整，保持课程内容的时效性和先进性。动态更新机制与质量监控体系，确保了课程内容与行业发展同步，保障了教学质量。通过建立行业信息跟踪系统、制定课程内容更新计划和发挥教师主体作用，实现了课程内容的动态更新；通过教学过程监控、教学质量评价和教学质量反馈与改进等环节，构建了全面的质量监控体系，为培养高素质技能型人才提供了有力保障。

通过这四步法的实施，高职教育课程结构得到了有效重构，课程的实用性、系统性和灵活性显著提升，学生的学习积极性和主动性增强，实践操作能力和职业素养得到有效培养，就业竞争力明显提高，为社会经济发展培养了大量适应需求的高素质技能型人才。

在未来的发展中，应进一步加强与行业的深度融合，建立更加紧密的合作关系。高职院校应主动与行业协会、企业等建立长期稳定的合作机制，共同开展人才培养方案制定、课程开发、教材编写、实践教学等工作，实现教育链与产业链的深度对接。例如，与企业共建产业学院，共同开展订单式人才培养，根据企业需求定制课程和教学内容，使学生在学习过程中就能接触到企业的实际项目和工作流程，毕业后能够直接上岗，满足企业对人才的急需。

注重培养学生的创新能力和综合素质是未来高职教育的重要方向。在课程设置中，应增加创新思维、创新创业等相关课程，培养学生的创新意识和创业能力。通过开展创新创业实践活动、举办创新创业大赛等方式，为学生提供实践平台，激发学生的创新潜能和创业热情。同时，加强学生的综合素质培养，注重培养学生的沟通能力、团队协作能力、职业素养等，使学生具备适应社会和职场的综合能力。例如，开设职业素养课程，通过案例分析、模拟职场等教学方法，培养学生的职业道德、职业礼仪和职业精神；组织学生参加社会实践活动、志愿者服务等，提高学生的社会责任感和团队协作能力。

持续优化课程结构和教学方法也是未来高职教育课程改革的关键。应根据行业发展和学生需求，不断调整和优化课程结构，增加实践教学比重，减少理论教学课时，使课程更加注重实践操作和技能培养。例如，将一些理论性较强的课程进行整合和精简，将更多的时间用于实践教学和项目训练；开发更多的实践课程和实训项目，为学生提供更多的实践机会。在教学方法上，积极推广项目式教学、案例教学、小组合作学习等先进的教学方法，激发学生的学习兴趣和主动性，提高教学效果。例如，在项目式教学中，教师将课程内容分解为若干个项目，学生在完成项目的过程中，综合运用所学知识和技能，解决实际问题，培养学生的综合能力和创新能力；在案例教学中，教师选取实际工作中的案例，引导学生进行分析和讨论，使学生在案例分析中掌握知识和技能，提高解决实际问题的能力。

第 4 章

产教融合的实践探索

4.1 校企共建课程典型案例

4.1.1 校企共建“税费计算与申报”课程案例

1. 校企携手，开启课程建设新征程

在职业教育改革与发展的浪潮中，校企合作作为提升人才培养质量的关键路径，其重要性日益凸显。“税费计算与申报”作为大数据与会计、大数据与财务管理等专业的核心课程，对于培养学生的税务实操能力和职业素养具有至关重要的意义。然而，传统课程教学普遍存在理论与实践脱节、教学内容与行业实际需求不匹配等问题，难以满足企业对高素质税务人才的迫切需求。

为了突破这一困境，自 2012 年起，税务教学团队开始与国家税务总局湖南省株洲市分局积极接触，商议开展志愿服务，为小微企业提供税务帮扶，并承担了制作相关操作视频的项目，制作了第一批共 30 个企业所得税汇算清缴操作视频。2016 年，教学团队通过走访就业单位、调查毕业生就业现状，深入剖析了教学中的痛点并总结经验，以 2012 年制作的视频为基础，紧密围绕税务服务岗位的最新要求，积极响应国家职业教育政策号召，秉持职业教育服务产业发展的宗旨，决定与湖南中捷财务咨询公司深度合作，共建税务教学资源库，引入真实项目进行教学和实训。此次合作旨在整合双方优势资源，以企业实际工作过程和岗位需求为导向，开发出一批集先进性、实用性和创新性于一体的在线课程。

2. 资源共建，打造多元立体教学包

在资源建设方面，教学团队与湖南中捷财务咨询有限公司、中联教育集团、厦门网中网科技有限公司签订了课程开发协议，并依据学院相关管理办法对线上课程进行规范管理。我们构建了“$1+N$”的资源建设模式，即以一个核心技能点为中心，形成一系列配套资源。

以企业任务为主线串联各税种技能点，以 1 个技能点为中心，形成 1 张任务单、1 个原创微课、1 份演示文稿、1 套赛题、1 个技能动画、1 个操作标准、1 个虚拟仿真资源、1 份岗位笔记和 N 个操作案例的资源序列，体现指导有力度、案例有广度的特点。这种结构化的资源包设计，确保了学习内容的系统性和连贯性。

资源类型丰富多样，涵盖了视频、动画、虚拟仿真、文档、习题等。具体包括：现有视

频203个（其中原创微课102个、动画59个、虚拟仿真视频42个）；动画59个（技能指导28个，漫说税史7个，税收形象宣传18个，国家税务总局官方视频6个）；虚拟仿真技能点28个；非视频资源394个（课件56个、文档338个）；习题和试题4 209道。视频类资源占比34%，原创度高达96%。这些资源覆盖了课程的核心内容，并注重理论与实践的结合。

为适应技术发展和行业需求，我们还特别开发了对接新技术和竞赛要求的资源。例如，对接大数据税务分析的资源包括微课4个、技能指导4个、文档42个、虚拟仿真5个、习题312道；对接财税融合大数据应用国赛税务赛题内容的资源包括技能指导12个、文档43个、虚拟仿真18个、习题788道；涉及智能财税证书税费申报、管理知识点的资源包括微课14个、课件28个、文档47个、习题1 221道。

课程思政资源也作为重要组成部分融入其中，包含动画25个、访谈类视频33个、岗位笔记28个、文档57个、讨论测试56个、习题577道。这些资源旨在潜移默化地培养学生的职业素养和价值观。

3. 深度挖掘，融入课程思政

课程思政是落实立德树人根本任务的关键环节。在“税费计算与申报”课程中，我们深度挖掘课程中的思政元素，将其巧妙融入教学内容和教学过程中，实现了知识传授与价值引领的有机统一。我们采用线上、课堂、社会“三课堂”进阶策略，创建了“漫说税史”、“众说素养”系列专题，形成了知识有深度、讲述有温度、服务有准度、站位有高度的思政资源。

“漫说税史”以中国税收发展时间线展开，从税收起源到近现代税收实践，如20世纪90年代湖南株洲市清水塘老工业区转型发展中的税收故事，讲述税收历史，浸润中国文化，展现知识有深度、讲述有温度。

“众说素养”以税收职业的发展线引导，从从业初心渐进到一生践行忠诚税路，逐步引导服务社会的远大志向，实现服务有准度、站位有高度。

在思政元素挖掘方面，我们从税收的本质、税收政策的制定目的、税务工作者的职业道德等多个角度入手，结合国家、行业及就业企业对涉税岗位提出的“守正、依规、服务”职业需求，确定了“恪己守则，服务社会”的课程思政主线，设计了税收历史时间线、税收职业发展线双线育人路径，挖掘了诚信、创新等32个递进式思政元素。例如，讲解税收作为国家财政收入主要来源，具有“取之于民，用之于民”的本质特征时，引导学生理解税收在国家经济建设、社会发展和民生保障中的重要作用，增强学生的爱国情怀和社会责任感。在讲解税收政策时，不仅关注政策的具体内容和应用，还深入分析政策制定背后的经济社会背景和国家战略意图，培养学生的大局意识和政治素养。

在教学过程中，我们通过税收职业发展线和税收历史时间线等多种方式融入思政元素。例如，在案例分析中，选取具有典型意义的正面案例（如企业依法纳税、诚信纳税的先进事迹）和反面案例（如偷税、漏税等违法行为的严重后果），引导学生树立正确的价值观和职业道德观，强化法律意识和诚信意识。同时，鼓励学生关注社会热点问题，如税收政策对小微企业的扶持、税收在脱贫攻坚中的作用等，组织学生开展讨论和调研，让学生在实践中感受税收与社会发展的紧密联系，培养社会责任感和担当精神。

4. 平台助力，拓展课程学习渠道

为支撑课程资源的有效利用和推广，课程与湖南中捷财务咨询有限公司、中联教育集

团、厦门网中网科技有限公司签订了课程开发协议，并依据学院相关管理办法对线上课程进行管理。

为了实现课程资源的广泛传播与共享，我们精心选择了学银在线作为“税费计算与申报”课程的在线教学平台。该平台是众多在线课程平台中一个无需登录即可查看部分课程内容的开放平台，同时拥有大量满足教学需求的小程序，凭借其便捷性和功能优势，为课程的教学与推广提供了有力支持。

在课程展示方面，平台提供了简洁直观的界面设计，能够以图文并茂、视频演示等多种形式全面展示课程内容。从课程大纲、教学目标到具体的知识点讲解，以及丰富的教学案例和实训项目，学生都可以在平台上一目了然，方便他们快速了解课程架构，明确学习重点和方向。同时，平台还支持课程的分类展示和搜索功能，学生可以根据自己的专业需求、学习进度等条件，精准地找到“税费计算与申报”课程，提高了课程获取的便捷性。

学习跟踪是该平台的一大特色功能。通过平台内置的学习分析系统，能够实时记录学生的学习行为数据，如学习时长、课程访问次数、知识点学习进度、作业完成情况等。这些数据会以可视化的图表和报表形式呈现给教师和学生，教师可以根据这些数据全面了解每个学生的学习状态，及时发现学习进度滞后或存在学习困难的学生，并为他们提供个性化的学习建议和辅导。学生也可以通过查看自己的学习数据，对学习过程进行自我评估，发现自己的学习优势和不足之处，从而调整学习策略，提高学习效率。例如，平台会根据学生的学习数据，为学生推荐个性化的学习路径和拓展学习资源，帮助学生实现自主学习和深度学习。

在线测试功能是检验学生学习成果的重要手段。平台提供了丰富多样的题型，包括单选题、多选题、判断题、计算题、案例分析题等，能够全面考查学生对课程知识的掌握程度和应用能力。教师可以根据教学进度和教学目标，灵活设置在线测试任务，如章节测试、单元测试、期中或期末考试等。测试完成后，平台能够自动批改客观题，及时反馈学生的测试成绩和答题情况，并对错题提供解析，帮助学生及时查漏补缺，巩固所学知识。对于主观题，平台提供便捷的提交和批阅功能。此外，平台还支持随机组卷和智能抽题功能，有助于教师灵活组织考试，保障测试结果的公平性和可靠性。

交流互动是促进学生学习和知识共享的重要环节。平台搭建了多元化的交流互动模块，如讨论区、答疑区、小组协作空间等。在讨论区，学生可以就课程学习中遇到的问题、感兴趣的话题展开讨论，分享自己的学习心得和见解，与同学们相互启发、共同进步。教师也会定期参与讨论，引导学生深入思考，解答学生的疑问，营造良好的学习氛围。答疑区则为学生提供了一对一的答疑服务，学生在学习过程中遇到任何问题，都可以随时在答疑区向教师提问，教师会在第一时间给予回复，确保学生的问题得到及时解决。小组协作空间支持学生在线组成学习小组，共同完成课程项目、案例分析等学习任务。在小组协作过程中，学生通过在线文档编辑、视频会议等功能进行实时沟通和协作，培养了学生的团队协作能力和沟通表达能力。

5. 显著成效，彰显课程建设价值

1）学生成长，能力素质双提升

校企共建的“税费计算与申报”国家级精品在线课程在学生培养方面取得了显著成效，有力地促进了学生在知识、技能和职业素养等多方面的全面成长。

在知识掌握程度上，学生的学习成绩有了明显提高。据统计，在课程建设实施后的 5 年内，学生期末考试的平均成绩相较之前提升了 27 分，理论知识平均分达到 96. 4 分，实操考评平均分达到 81. 9 分，素养评分平均提升了 27%，这表明学生不仅能够独立完成操作，也具备了服务社会的意愿。在职业资格认证方面，相关模块的考证通过率显著提升，竞赛模块平均分提升至 10. 8 分。2024 年，学生团队荣获湖南省财税融合暨大数据应用赛项一等奖。例如，在一次关于增值税、消费税和企业所得税综合知识的考试中，以往学生的平均分徘徊在 72 分，而在学习了新的课程内容后，平均分达到了 89 分，这充分表明学生对复杂税务知识的理解和掌握更加深入和系统。同时，学生在各类税务知识竞赛中的表现也愈发出色。在科云杯税务技能竞赛中，我校学生团队连续 6 年获得奖项，其中在 2023 年的比赛中，凭借扎实的知识储备和出色的团队协作，荣获一等奖，展现出学生在税务知识领域的深厚功底。

实践操作能力的提升是课程建设的又一重要成果。通过课程中的模拟操作、企业实践等环节，学生能够熟练运用所学知识解决实际问题。以我校与湖南中捷财务咨询公司合作开展的实习项目为例，参与实习的学生在企业税务岗位上表现出色，能够独立完成从税费计算到纳税申报一系列工作任务，且操作准确率高达 95% 以上。其中，学生张梓航在实习期间，成功帮助企业发现并纠正了一笔因税收政策理解偏差导致的多缴税款问题，为企业挽回了 20 000 元的经济损失，得到了企业的高度认可和赞扬。此外，学生在考取相关职业资格证书方面也取得了显著成绩。近年来，学生的初级会计职称证书、智能财税职业等级证书的通过率逐年上升，初级会计职称证书的通过率从课程建设前的 21% 提升至 54%，智能财税职业等级证书的通过率也从 62% 提高到了 94%，这为学生未来的职业发展打下了坚实的基础。

职业素养的培养是课程建设的重要目标之一。通过课程思政和实践教学，学生的职业道德、团队协作精神和沟通能力等得到了有效提升。在课程思政的引导下，学生深刻认识到依法纳税的重要性和税务工作者的职业道德规范，形成了正确的价值观和职业观。在团队协作方面，学生在课程的小组项目和企业实践中，学会了与团队成员密切配合、相互支持，共同完成任务。例如，在一次模拟企业税务筹划项目中，学生们组成小组，分工合作，经过深入调研和分析，为企业制定了一套切实可行的税务筹划方案，不仅提高了企业的经济效益，还增强了学生的团队协作能力和沟通表达能力。在沟通能力方面，学生通过与企业专家、税务工作人员交流互动，以及参与各类税务实践活动，能够清晰、准确地表达自己的观点和想法，有效地与他人沟通和协作，为今后顺利融入职场奠定了良好的基础。

2）社会认可，辐射带动促发展

“税费计算与申报”课程凭借其卓越的教学质量和创新的教学模式，在行业内赢得了广泛的认可和赞誉，产生了积极的社会影响，为职业教育的发展和行业人才培养做出了重要贡献。

课程影响面广。课程资源已辐射包括新疆哈密职业技术学院、宁夏学分银行在内的 27 个省级行政区，服务学习人数达 2. 7 万人。资源包已被包括深圳市凌鸿科技有限公司在内的 45 家企业用于岗位培训。此外，还联合株洲市文化园开展了小微企业秋季税务公益课 4 期，使全国超过 5 万名同行、学生受益。

社会认可度高。作为省级资源库核心课程、省级精品在线开放课程，该课程入选株洲市石峰区税务局志愿者培训课程，并在中赞职业技术学院开展了 2 期教学，为赞方提供了 4 次中国进口报关培训。课程负责人受邀在湖南机电职院等地分享“以岗定课”教学理念 10 余次，相关成果在红网、新湖南等省级媒体报道 12 次。

实质成果应用佳。围绕课程建设，团队立项课题 21 项，编写教材 6 部、专著 1 本、发表论文 62 篇，各类竞赛获奖 26 项，相关论文被引用 130 余次。这些成果不仅丰富了课程内涵，也扩大了课程的影响力。

课程在服务企业方面也成效显著。我校与深圳凌鸿科技有限公司、湖南中捷财务咨询公司等多家企业建立了长期稳定的合作关系，利用课程资源为企业员工开展税务培训。培训内容紧密结合企业实际业务，涵盖了最新税收政策解读、税费计算与申报实务、税务筹划技巧等方面，帮助企业员工及时更新知识结构，提升业务能力。据统计，累计已有 3 254 名企业员工参加了培训，培训满意度达到 99% 以上。许多企业反馈，经过培训的员工在工作中能够更加熟练地处理税务事务，有效降低了企业的税务风险，提高了工作效率和经济效益。

课程在教育领域也屡获殊荣，先后荣获湖南省在线精品开放课程、国家精品在线开放课程等多项教育奖项。这些奖项的获得，不仅是对课程建设团队辛勤付出的肯定，更是对课程在人才培养、教学改革、社会服务等方面所取得成绩的高度认可。例如，该课程于 2023 年度荣获国家精品在线开放课程称号，这一荣誉的取得，充分展示了课程在全国职业教育领域的领先地位，为学校赢得了良好的社会声誉，吸引了更多学生报考我校相关专业，同时也激励着课程团队不断创新和进取，为培养更多高素质的技术技能型人才而努力奋斗。

6. 展望未来，持续优化课程发展

展望未来，我们将以更高的标准、更严的要求、更实的举措，持续深化“税费计算与申报”课程建设，为培养更多适应新时代需求的优秀财税人才贡献力量。

在深化校企合作方面，我们计划进一步拓展与企业的合作领域和深度。加强与更多不同类型、不同规模企业的合作，引入更多元化的企业实际案例和项目，使课程内容更加丰富和全面。同时，建立更加紧密的校企合作长效机制，加强双方在人才培养、课程开发、实践教学、技术研发等方面的全方位合作。例如，与企业共同开展课题研究，解决企业在税务处理中遇到的实际问题，将研究成果及时转化为教学内容，提升课程的实用性和前沿性；邀请企业专家深度参与课程教学和人才培养方案的制定，根据行业发展趋势和企业需求，及时调整课程目标和教学内容，确保培养的学生能够精准对接企业岗位需求。

课程内容的完善是我们未来工作的重点之一。随着税收政策的不断更新和经济社会的快速发展，我们将密切关注税收领域的最新动态，及时将新政策、新法规、新业务融入课程教学。进一步优化课程体系，加强不同税种之间的关联性和系统性教学，培养学生综合税务处理能力。同时，增加一些拓展性的教学内容，如国际税收、税务风险管理等，拓宽学生的知识面和视野，满足学生多样化的学习需求和未来职业发展的需要。

提升教学质量是课程建设的永恒主题。我们将不断创新教学方法和手段，充分利用现代信息技术，如人工智能、大数据、虚拟现实等，打造更加生动、高效的智慧课堂。例如，开发智能化的教学辅助工具，为学生提供个性化的学习路径和精准的学习指导；利用虚拟现实技术，创建更加逼真的税务工作场景，让学生在沉浸式的学习环境中提升实践操作能力。同时，加强教师队伍建设，定期组织教师参加专业培训和学术交流活动，鼓励教师开展教学研究和教学改革，提升教师的教学水平和专业素养。同时，建立健全教学质量评价体系，加强

对教学过程和教学效果的监控与评价，及时发现问题并加以改进，不断提高教学质量。

拓展课程的应用范围也是我们努力的方向。我们将积极推动课程资源的开放共享，通过在线课程平台、社交媒体等渠道，将课程资源向更多院校、企业和社会学习者开放，发挥课程的辐射带动作用，为提升全社会的税务知识水平和税务处理能力作出贡献。加强与其他院校的合作与交流，开展课程共建、师资互派、学生交流等活动，共同推动财税类专业课程的改革与发展。此外，根据不同学习者的需求和特点，开发多样化的课程产品，如微课程、专题讲座、培训课程等，满足不同层次、不同领域学习者的学习需求。

4.1.2　杭州职业技术学院电子商务“校中厂”模式

在数字化浪潮席卷全球的背景下，电子商务行业作为新兴经济力量，正以前所未有的速度崛起，深刻改变着人们的消费习惯与商业模式。近年来，我国电子商务市场规模持续扩张，数据显示，2024年全国网上零售额达15.35万亿元，同比增长7.2%；其中实物商品网上零售额12.3万亿元，增长5.3%，占社会消费品零售总额的比重为26.3%。从消费电商到产业电商，从国内市场到跨境出海，电商的触角不断延伸，对专业人才的需求也随之呈现“井喷式”增长。企业迫切需要既懂理论知识，又具备丰富实践经验的复合型人才。然而，传统的电子商务教学模式往往侧重理论传授，学生所学知识容易与实际行业应用脱节；同时，实践教学环节若仅依赖虚拟仿真平台，缺乏真实商业环境的复杂性和不确定性，导致学生毕业后难以迅速适应企业需求，形成了人才培养与市场需求之间的鸿沟。

正是在这样的背景下，杭州职业技术学院积极探索创新，推出了电子商务“校中厂”模式。这一模式打破了传统教学束缚，将学校与企业紧密结合，将真实的企业生产和运营引入校园，让学生在校园内就能接触真实商业环境，参与实际电商项目，实现了学习与工作的无缝对接，为解决电商人才培养困境提供了新思路。

1.“校中厂”模式的独特架构

1）校企合作机制

杭州职业技术学院在电子商务“校中厂”模式的构建中，积极与杭州如南文化传媒有限公司、浙江方圆检测集团股份有限公司、杭州蓝盒子品牌管理有限公司等业内知名企业建立了长期稳定的合作关系。这些企业在电商运营、品牌管理、质量检测等领域各具专长，为“校中厂”模式提供了丰富的资源和多元的业务场景。

在合作过程中，企业充分发挥自身优势，提供先进的设备、前沿的技术以及大量真实的商业项目。例如，杭州如南文化传媒有限公司为学校提供了专业的直播设备，搭建了功能齐全的直播实训基地，并分享了最新的直播带货运营策略和实战经验。企业的技术骨干和行业专家也定期走进校园，举办专题讲座和培训，将行业最新动态和实践经验传递给师生，使教学内容紧密贴合市场需求。

学校则为企业提供场地和学生资源。校园实训场地经改造成为企业项目执行场所，学生直接参与企业电商项目，将所学知识应用于实践。学校还根据企业需求，制定个性化的人才培养方案，确保培养的学生精准满足企业需求。这种明确的分工协作，搭建了高效的教学与实践平台，让学生在校园内体验真实企业工作环境，实现了学校与企业的优势互补，为电商人才培养奠定了坚实基础。

2）教学与实践融合

“校中厂”模式下，杭州职业技术学院电子商务专业的教学紧密围绕企业实际项目展开，形成了一套特色鲜明的教学与实践融合体系。课程设置打破传统学科界限，以企业实际业务流程为导向，重新整合内容，构建了基于项目的课程模块。

例如，在电商运营课程中，引入企业真实电商店铺运营项目。学生分组负责不同店铺，全程参与从市场调研、店铺定位、商品上架、营销推广到客户服务的运营管理。这不仅让学生学习到市场分析、营销策略、客户管理等理论知识，更通过实际操作，掌握了运用电商平台工具、调整运营策略、处理客户投诉等实用技能。在与企业导师的沟通中，学生不断优化方案，真实感受市场竞争与商业运营。

又如，在物流管理课程中，学院与合作企业物流部门合作，让学生参与实际物流配送项目。学生深入了解仓储、分拣、包装、运输等环节，学会运用物流管理软件处理订单、管理库存，掌握优化配送路线以降本增效的方法。通过这些实践，学生对物流管理的理解从理论层面深化到核心技能掌握，为毕业后适应电商企业物流岗位打下坚实基础。

2. 学生成长的蜕变之旅

1）专业技能提升

在“校中厂”模式的培养下，学生们专业技能实现显著提升，取得了一系列亮眼成绩。在网店运营方面，学生团队负责的店铺销售额实现快速增长。例如，2024 年，某学生团队运营的美妆类网店，通过精准市场定位、个性化店铺设计及创新营销策略，年销售额从年初的 500 万元增长至 1 500 万元，增幅达 200%。他们深入研究消费者偏好，优化商品详情页，提升用户体验，提高转化率；同时积极与供应商沟通，争取优质货源和价格，提升店铺竞争力。

在网络营销方面，学生策划执行的营销活动效果显著。在“双十一”期间，某学生团队为合作企业的电子产品制定的全方位网络营销方案，综合运用社交媒体、搜索引擎、内容营销等手段，结合直播带货，使该企业“双十一”销售额突破 1 000 万元，较上一年同期增长 50%，充分验证了学生的网络营销能力。

2）职业素养养成

“校中厂”模式对学生职业素养的养成也至关重要。在团队协作方面，学生在项目实践中深刻体会到团队合作的力量。例如，在一次电商直播项目中，学生分组负责不同环节，初期因经验不足和沟通不畅出现协调问题。通过召开小组会议、分析问题、制定方案，学生们学会了倾听、尊重、发挥优势，最终成功完成直播，销售额超出预期。这次经历极大锻炼了学生的团队协作能力。

在沟通能力方面，学生与企业导师、团队成员及客户的频繁交流，显著提升了沟通技巧。他们学会了清晰表达、有效倾听和解决沟通问题。在与客户沟通时，能耐心解答咨询、处理投诉，提供专业解决方案，赢得客户认可；与企业导师沟通时，能主动请教、及时反馈，获得悉心指导。

责任心的培养是“校中厂”模式的另一亮点。学生在项目中承担具体任务，深知工作成果关乎项目成败和企业利益，因此对待工作认真负责。运营店铺时，密切关注各项数据，及时分析异常并解决问题；处理订单时，严格按流程操作，确保准确及时。这种责任心让学生在项目中取得优异成绩，也为未来职业发展奠定基础。

3. 面临挑战与突破之策

1）现存难题剖析

“校中厂”模式在发展中也面临挑战。企业参与积极性波动是首要问题。企业作为市场主体，追求经济效益。参与“校中厂”需投入人力、物力、财力，短期内难以直接转化为经济效益，部分企业积极性可能下降。

教学与生产之间的冲突是另一瓶颈。学校教学活动有计划性和规律性，而企业生产经营受市场等因素影响，具有不确定性，导致教学计划与生产任务易生矛盾。例如，生产旺季企业需学生全力投入，但学校教学仍在进行，影响生产进度和教学效果。

此外，师资队伍实践能力不足也制约模式发展。电商行业快速创新，对教师实践能力和行业经验要求高。部分教师虽理论扎实，但缺乏一线经验，对行业动态和实际操作了解不深，难以给予学生有效实践指导。

2）应对策略探讨

针对上述问题，学院积极探索应对策略。为提升企业参与积极性，建立了长效激励机制，从政策支持、经济补偿、人才输送等多方面给予企业回报。在政策支持上，积极争取政府出台税收减免、财政补贴等优惠政策；在经济补偿上，设立专项基金，根据企业投入给予补偿；同时承诺优先输送优秀毕业生，满足企业人才需求。这些措施有效激发了企业积极性，实现校企共赢。

为平衡教学与生产关系，学院优化了教学安排。一方面，加强与企业的沟通，建立定期信息交流机制，根据企业生产计划和市场需求灵活调整教学计划。生产旺季增加实践教学比重，让学生参与生产；生产淡季加强理论教学。另一方面，推行弹性学制，允许学生根据学习进度和实践需求自主安排学习时间和课程，实现学习与实践结合。

为提升师资实践能力，学院加强了教师实践培训。制订详细培训计划，定期选派教师到企业挂职锻炼，参与实际项目，了解行业动态，掌握实践技能。同时，邀请企业技术骨干和专家到校讲座培训，分享经验。鼓励教师参与企业科研和技术创新，开展产学研合作。这些措施有效提升了师资实践能力，为模式发展提供人才支持。

4. 模式前景与辐射影响

展望未来，杭州职业技术学院电子商务“校中厂”模式前景广阔。随着电商行业持续创新，对人才的要求不断提高，“校中厂”模式能快速响应变化，调整培养方案，为行业输送高素质人才。

长远来看，该模式有望在学院内部全面推广，延伸至市场营销、物流管理等相关专业，形成具有杭职特色的实践教学体系，提升学校整体人才培养质量和社会声誉。

杭州职业技术学院电子商务“校中厂”模式的成功实践，为其他高职院校提供了宝贵借鉴。在专业建设方面，明确了紧密对接产业需求的重要性，需深入开展市场调研，优化专业设置和课程体系。在人才培养模式改革方面，展示了校企深度合作的巨大优势，高职院校应积极与企业建立稳定合作关系，探索共建产业学院、实训基地等模式，实现全方位合作。同时，注重提升“双师型”教师队伍实践能力，加强教师实践培训和企业挂职。此外，应加强学生职业素养培养，贯穿人才培养全过程，通过实践项目、企业文化熏陶等方式，提升学生综合竞争力。

杭州职业技术学院电子商务“校中厂”模式在探索中前行，在创新中发展，为电商人才培养开辟了新道路。相信未来，该模式将不断完善，为我国电商行业繁荣和高职院校教育改革作出更大贡献。

4.2 产业学院建设路径

为更好地适应社会需求，培养与产业发展紧密匹配的专门人才，越来越多的高职院校开始积极探索产业学院的建设与发展。产业学院以产业为依托，通过与企事业单位深度合作，致力于为产业发展提供技术人才支持和科技支撑服务。它的出现打破了传统学院的学科壁垒，强化了学生的实践能力培养，有效提高了科研成果的转化率，有力地推动了院校与产业的深度融合。作为产教融合的重要载体，产业学院是一种新型的办学模式和教育组织形态，由政府、学校、企业、行业协会等多元主体共同参与、合作共建，旨在实现教育链、人才链与产业链、创新链的有机衔接。

从内涵上看，产业学院以服务地方产业发展为导向，紧密围绕区域支柱产业、战略性新兴产业及特色产业，整合各方优质资源，开展人才培养、科学研究、技术服务、创新创业等活动。它打破了传统学校教育与企业实践之间的壁垒，将企业的实际生产、管理经验和技术创新成果融入教学过程，使学生能够在真实的产业环境中学习和实践，培养出适应产业需求的高素质技术技能人才。

产业学院具有以下显著特征。

（1）多元主体共建。产业学院的建设涉及政府、学校、企业、行业协会等多个主体。各方依据自身的资源优势和需求，共同投入人力、物力和财力，形成共建、共管、共享的合作模式。政府在政策引导、资金支持和资源协调等方面发挥重要作用，为产业学院的发展创造良好的政策环境和发展空间。学校作为人才培养的主阵地，提供教学设施、师资队伍和教学管理等教育资源。企业则深度参与人才培养过程，提供实践教学场所、实习岗位、企业导师以及行业最新的技术和需求信息，使人才培养更加贴近产业实际。行业协会凭借其对行业的了解和专业优势，在产业学院的专业设置、课程开发、人才质量评价等方面提供指导和建议，促进产业学院与行业的紧密联系。

（2）产教深度融合。产教融合是产业学院的核心特征。产业学院将产业需求作为人才培养的出发点和落脚点，实现产业与教育在目标、资源、过程和评价等方面的深度融合。在目标上，以培养适应产业发展需求的高素质技术技能人才为根本，根据产业发展趋势和岗位需求，制定人才培养方案和课程体系。在资源上，整合学校和企业的资源，实现教学资源与生产资源的共享和互补，如共建实训基地、共享师资队伍、共同开展科研项目等。在过程上，将企业的实际项目、工作流程和职业标准引入教学过程，通过项目教学、案例教学、实习实训等方式，让学生在实践中学习和掌握专业知识和技能，实现教学过程与生产过程的对接。在评价上，建立以产业需求为导向的人才培养质量评价体系，引入企业和行业的评价标准，对学生的学习成果和职业能力进行全面、客观的评价。

（3）服务产业发展。产业学院以服务地方产业发展为宗旨，通过人才培养、技术研发、社会培训等多种方式，为产业提供人才支持、技术服务和智力保障。在人才培养方面，根据产业需求调整专业设置和课程体系，培养产业急需的高素质技术技能人才，满足产业对人才的数量和质量需求。在技术研发方面，产业学院依托学校和企业的科研资源，针对产业发展中的关键技术问题和瓶颈难题，开展产学研合作，推动科技成果转化和技术创新，提升产业的核心竞争力。在社会培训方面，产业学院充分利用师资和设施资源，为企业员工提供继续教育和职业培训，帮助其提升职业技能和综合素质，从而促进企业发展。

（4）办学模式创新。产业学院在办学理念、管理体制、运行机制等方面进行创新，形成具有特色鲜明的办学模式。在办学理念上，强调以学生为中心，注重培养学生的实践能力、创新能力和职业素养，致力于培养具有社会责任感和可持续发展能力的高素质人才。在管理体制上，建立由各方代表共同参与的理事会或管委会等治理机构，通过民主管理和科学决策，明确各方的权利和义务。在运行机制上，建立灵活高效的运行机制，如师资共享机制、课程开发机制、实践教学机制和考核评价机制等，保障产业学院的高效运行。

产业学院的建设路径主要包括以下三个方面。

（1）双主体治理结构设计。探讨如何明确学校和企业在产业学院中的角色和职责，构建科学合理的决策机制、管理机制和监督机制，实现双方的优势互补和协同发展。

（2）真实项目入课的运行机制。研究如何将企业的真实项目引入课堂教学，整合教学资源，优化教学流程，培养学生的实践能力和创新能力。

（3）成果导向的考核评价体系。探索如何建立以学生成果为导向的考核评价标准和方法，全面、客观、准确地评价学生的学习成果和能力水平，为学生的发展提供有效的反馈和指导。

产业学院的建设具有多方面的重要意义。在适应产业发展需求方面，产业学院能够紧密围绕产业需求开展人才培养工作，为企业输送大量符合岗位要求的专业人才，满足企业对技术技能人才的迫切需求，进而提高产业效能，促进产业健康发展。在提升学生就业竞争力方面，产业学院注重实践教学，通过真实项目的参与和实践操作，培养学生的实际操作技能和创新能力，使学生在毕业后能够迅速适应工作岗位，具备更强的就业竞争力。在推动科研成果产业化方面，产业学院鼓励教师积极开展科研实践，将科研成果与产业需求紧密结合，加速科研成果转化，为产业发展提供强有力的技术支撑。在加强产学研合作方面，产业学院促进学校与企业之间的紧密合作，实现产学研三方的有效互动，共同推动产业的创新发展。

4.2.1 双主体治理结构设计

1. 双主体治理结构的理论基础

双主体治理结构的设计离不开坚实的理论支撑，其中比较优势理论、价值交换理论以及利益相关者理论等发挥着关键的指导作用。

比较优势理论认为，每个主体都有其独特的优势。在产业学院的情境下，学校和企业各自具备不同的资源与能力优势。学校在人才培养体系、教育教学资源、基础研究能力等方面拥有丰富的经验和资源，能够为学生提供系统的理论知识教育和学术氛围；而企业则在行业实践经验、市场需求洞察力、实际生产技术和设备等方面具有显著优势，能让学生接触到最前沿的行业动态和实际工作场景。通过双主体治理结构，促使学校和企业实现优势互补，学校利用企业的实践资源完善人才培养方案，企业借助学校的人才培养成果满足自身的人才需求，从而提升产业学院的整体办学效益。

价值交换理论强调，双方通过资源交换来实现价值增值的最大化。在产业学院中，学校与企业之间进行着广泛的资源交换。学校为企业提供高素质的人才资源、科研成果，企业则为学校提供实习实训基地、设备资金支持、行业案例等。这种资源交换并非简单的交易，而是通过合理的治理结构和运行机制，实现双方资源的优化配置，创造出更大的价值，实现互利共赢。

利益相关者理论主张，产业学院的发展涉及多个利益相关主体，如学校、企业、学生、教师、政府等，各利益相关者都在不同程度地投入、参与监督或制约产业学院的发展。产业学院的治理目标应充分考虑各利益相关者的不同利益诉求，让他们参与到产业学院的决策过程中。学校关注教育质量和学术声誉的提升，企业追求经济效益和市场竞争力的增强，学生期望获得优质的教育和良好的就业机会，教师希望实现自身的职业发展，政府则致力于推动区域经济发展和人才培养。只有通过合理的双主体治理结构，平衡各方利益，才能保障产业学院的可持续发展。

2. 双主体治理结构的关键要素

办学主体产权融合是双主体治理结构的核心要素之一。明晰法人产权，确定学校和企业两个主体的股权比例，是构建有效治理结构的基础。明确的产权归属能够界定双方的权利和责任，避免在合作过程中出现产权纠纷和利益冲突。通过产权融合，企业能够更深入地参与到产业学院的办学过程中，增强其对产业学院发展的责任感和积极性。

合理的组织架构是保障双主体治理结构有效运行的关键。构建包含决策机构、执行机构、监督机构等在内的组织架构，并制定相应的运行制度安排，确保各项工作有序开展。决策机构负责制定产业学院的发展战略和重大决策等；执行机构负责具体执行决策机构的决议，开展教学、科研、管理等日常工作；监督机构则对决策机构和执行机构的工作进行监督，确保其行为符合产业学院的利益和发展目标。

学校的管理机制需要根据双主体办学的特点进行动态调整。传统的学校管理机制往往侧重于教学管理，而在双主体办学模式下，需要更加注重与企业的协同合作，建立适应企业参与的管理流程和制度。在教学管理方面，要引入企业的实践教学标准和行业需求，调整课程设置和教学方法；在师资管理方面，要建立与企业技术人员互聘互用的机制，提高教师的实践教学能力；在学生管理方面，要注重培养学生的职业素养和实践能力，加强与企业的沟通与合作。

治理绩效考评是评估双主体治理结构成效的重要手段。建立科学合理的治理绩效考评体系，从利益相关者满意率、组织运行效益等多个维度进行评价，有助于验证治理的成效，为动态调整治理架构提供依据。通过对学生就业质量、企业满意度、教师教学成果、产业学院科研成果转化等指标进行量化评估，及时发现治理过程中存在的问题，并采取相应的措施进行改进。

3. 双主体间的权责利关系构建

权利平衡是双主体治理结构的重要原则。明确学校和企业之间的权力机制，包括权力分配机制和权力监督机制，建立权力分配的层级关系和对应的监督机制，以实现权力的动态平衡。在决策过程中，双方应拥有平等的话语权，共同参与产业学院的重大决策，避免一方权力过大导致决策失衡。对于产业学院的发展规划、专业设置、人才培养方案等重大事项，应由学校和企业协商决定，确保决策既能遵循教育教学规律，又能符合企业的实际需求。

利益共享是双主体合作的动力源泉。构建和谐的利益共同体，需要建立学校和企业之间的协调机制，明确双方在合作过程中的利益分配方式。企业可以通过获得高素质的人才、优先获取科研成果等方式实现利益，学校则可以通过企业的资金支持、实习实训基地建设、师资培养等方面获得利益。同时，要注重对学生和教师利益的保障，学生通过参与企业实践获得更好的职业发展机会，教师通过与企业合作提升自身的实践能力和科研水平。

责任分担是双主体合作的重要保障。建立协调的管理机制和决策机制，明确双方在办学过程中的责任和义务。在人才培养过程中，学校负责提供理论教学和基础实践教学，企业负责提供实习实训机会和实践指导，双方共同承担培养高素质技术技能人才的责任；在科研合作中，双方共同投入资源，共同承担科研风险，共享科研成果。通过明确的责任分担机制，避免出现责任推诿和扯皮现象，确保产业学院的各项工作顺利开展。

4. 保障双主体平等办学权

在职业学校运营管理过程中，保障企业全程参与人才培养目标和培养方案的制定、学生日常管理、师资队伍建设、教学和实训场地建设、教学管理、财务管理等日常运营管理的全过程，是实现双主体平等办学权的关键。以往的校企合作往往存在企业参与度不足的问题，导致企业的办学权得不到充分保障，出现“边缘化”现象，即企业在合作中处于边缘地位，无法真正发挥其应有的作用。

企业参与办学过程中要享受与学校同等的办学权，就必须与学校建立产权合作关系，构建基于股权合作形成的学校和企业两个治理主体共同参与的内部治理结构。企业投资方的股东和代表应被纳入学校权力结构、决策机构、执行机构和监督机构中，使其能够全过程参与内部治理，真正享有平等的办学权。在人才培养目标的制定上，企业能够根据行业发展趋势和自身人才需求，提出具有针对性的意见和建议，确保培养出的人才符合市场需求；在师资队伍建设方面，企业技术人员可以担任兼职教师，将实际工作经验和技术传授给学生，同时学校教师也可以到企业进行实践锻炼，提升自身的实践能力。

5. 双主体办学权的制度化运行

双主体办学模式下的制度体系需要分层次设立，以确保办学权制度化运行。必须建立的关键制度包括产权融合制度、权力分配制度、理事会决策制度、薪酬激励制度、财务审计监督制度、绩效考核制度、校企联席会议制度等。

产权融合制度明确出资人类型和各类资本进入办学后的股比分配制度，同时建立以出资额为标准承担有限责任的责任机制。清晰的产权界定能够规范双方的行为，保障双方的利益，为双主体合作提供坚实的制度基础。

权力分配制度确定学校和企业在决策、执行、监督等方面的权力分配，确保权力的合理行使和有效监督。明确的权力分配能够避免权力过度集中和权力滥用，提高决策的科学性和执行的有效性。

理事会决策制度规定理事会的组成、职责、决策程序等，保障理事会能够公正、公平地作出决策，代表双方的利益。理事会作为产业学院的最高决策机构，应由学校和企业的代表共同组成，在决策过程中充分听取双方的意见和建议，共同商讨和决定产业学院的重大发展战略、规划和决策。

薪酬激励制度通过合理的薪酬设计，激励各级管理人员和各内部组织成员积极工作，提高工作效率和质量。有效的薪酬激励能够激发员工的积极性和创造性，吸引和留住优秀人才。

财务审计监督制度对产业学院的财务收支进行严格审计和监督，保障多元化办学主体的利益。规范的财务审计能够防范财务风险，确保资金合理使用。

绩效考核制度对各工作部门或团队的工作绩效进行考核评价，促进各单元之间的竞争与合作，提高整体工作效能。科学的绩效考核能够激励员工不断提升工作绩效，推动产业学院的发展。

校企联席会议制度：定期召开会议，加强学校和企业之间的沟通与交流，及时解决合作过程中出现的问题。有效的沟通机制能够促进双方的合作，增强合作的默契和信任。

人才培养制度兼顾社会效益和经济效益，改革和创新人才培养模式，实现岗位技能与学校专业人才培养的无缝对接。完善的人才培养制度能够提高人才培养质量，满足企业和社会的需求。

6. 双主体治理结构的应然状态

从理论层面深入剖析，双主体治理结构的理想状态应是学校与企业在产业学院的建设与运营中实现全方位的深度融合与协同发展。在资源投入上，双方充分发挥各自的资源优势，实现资源的优化配置。学校投入优质的教学资源，包括先进的教学设施、丰富的教学资料、完善的教学管理体系以及专业的师资队伍等。企业则投入实践教学资源，如真实的税务项目、实践教学场地、先进的税务软件和设备，以及具有丰富实践经验的企业导师等。通过双方的共同投入，为学生提供更加优质的教学环境和实践条件，使学生能够在理论学习和实践操作中得到全面的培养。

在管理方面，建立健全科学合理的治理机构和运行机制至关重要。产业学院应设立理事会作为最高决策机构，由学校和企业的代表共同组成，共同商讨和决定产业学院的重大发展战略、规划和决策。理事会负责制定产业学院的发展目标、办学理念、管理制度等，确保产业学院的发展方向符合双方的利益和市场需求。还应设立专业指导委员会，由学校的专业教师和企业的行业专家组成，负责对专业建设、课程设置、教学计划等进行指导和监督，确保教学内容与行业实际需求紧密结合。在日常管理中，学校和企业应明确各自的职责和分工，建立有效的沟通协调机制，共同推进产业学院的各项工作。

在责任承担方面，学校和企业应共同承担产业学院的办学责任与风险。在人才培养过程中，学校承担着教学质量的保障责任，确保学生能够获得系统的理论知识和专业技能。企业则承担着实践教学和学生就业的责任，为学生提供实践机会和就业岗位，确保学生能够顺利进入职场。双方还应共同应对可能出现的风险，如市场风险、政策风险、教学质量风险等。当面临市场需求变化时，双方应共同调整专业设置和课程体系，以适应市场需求；当遇到政策调整时，双方应共同研究应对策略，确保产业学院的合法合规运营。

成果共享是双主体治理结构的重要目标之一。学校和企业应根据各自的投入和贡献，合理分享产业学院的办学成果。在人才培养方面，学校培养的高素质税务专业人才为企业提供了人才支持，企业应通过优先录用产业学院学生、为学生提供良好的职业发展机会等方式，回馈学校的人才培养成果。在科研成果方面，学校和企业共同开展的科研项目取得的成果，双方应按照约定的方式进行共享，如技术转让、专利申请、科研奖励等。在经济效益方面，产业学院通过开展社会培训、技术服务等活动产生的经济效益，学校和企业应按照一定的比例进行分配。通过成果共享，激发双方的合作积极性，实现互利共赢的发展局面。

4.2.2　真实项目入课的运行机制

1. 真实项目入课的重要性与需求分析

将真实项目引入课堂教学是高职教育培养高素质技术技能人才的关键举措，具有不可替代的重要性。在当前产业快速迭代、技术日新月异的背景下，企业对人才的需求日益提高，不仅要求学生掌握扎实的理论知识，更强调其具备强大的实践能力、创新思维和解决实际问题的能力。真实项目入课能够为学生营造一个贴近职场真实环境的实践平台，促使他们在完成项目的过程中将理论知识与实际操作深度融合，从而有效提升实践技能和综合素养。

通过参与真实项目，学生能更直观地了解行业前沿动态与发展趋势，掌握企业实际的工作流程和技术标准，为未来职业生涯做好充分准备。例如，在软件开发项目中，学生不仅能接触到最新的开发工具与技术，还能体验软件项目的完整开发流程和团队协作模式，为未来从事相关工作奠定坚实基础。

从行业（企业）需求角度分析，企业期望招聘的毕业生能快速适应岗位要求，具备即战力，从而降低企业培训成本。调研显示，多数企业（或根据实际情况表述，如“许多企业”）倾向于优先录用具有实践经验的毕业生。真实项目入课恰好能让学生在校期间积累宝贵的实践经验，有效契合企业的用人需求。

从学生能力提升需求来看，真实项目入课是培养其自主学习能力、团队协作能力、沟通能力和创新能力的有效途径。在项目实施过程中，学生需自主查阅资料、分析问题、制定并执行解决方案，这极大地锻炼了他们的自主学习能力和解决复杂问题的能力。同时，项目通常以团队形式完成，这为锻炼团队协作和沟通协调能力提供了天然平台。真实项目所面临的实际问题更能激发学生的创新思维，促使他们在解决问题的过程中探索创新性的解决方案。

2. 项目选择与课程整合策略

选择恰当的项目是成功实施真实项目入课的基础。所选项目应具备以下特性：①真实性：项目应直接来源于企业的实际生产或服务活动，能真实反映行业需求与工作场景；②典型性：项目应能覆盖课程的核心知识点与关键技能点，具有代表性；③可行性：项目的难度和工作量需适中，符合学生的认知水平和能力基础，确保在规定时间内可完成；④教育性：项目应能有效促进学生知识学习、能力培养和素质提升。

项目来源可多元化。学校可通过与企业建立紧密合作关系，深入了解其项目需求与业务现状，从中筛选适合教学的项目。同时，关注行业发展趋势和热点问题，选取具有前瞻性的项目亦是不错的选择。例如，计算机专业可引入企业的实际软件开发、网站建设等项目；机械专业则可选用机械零件设计与制造、自动化生产线调试等项目。

将项目与课程内容进行有效整合是实现教学目标的关键步骤。需依据课程目标和教学大纲，对项目进行系统分解与细化，使项目任务与课程知识点、技能点一一对应，确保学生在完成项目的过程中能系统掌握课程内容。可采用模块化设计，将项目分解为若干模块，每个模块对应一个或几个课程章节，并按教学进度逐步推进。在整合过程中，还应动态优化和调整课程内容，淘汰陈旧、与实际应用脱节的部分，及时融入与项目相关的新知识、新技术和新方法。

3. 教学组织与实施过程

在教学组织形式上，宜采用小组合作学习模式，将学生按一定标准（如能力互补）分成若干小组，每组负责一个完整项目或项目的一部分。小组合作不仅能培养学生的团队协作与沟通能力，还能提高项目完成效率和质量。小组成员应根据个人特长和兴趣进行合理分工，如设项目负责人、技术攻关成员、文档管理员等。教师需对小组组建和分工进行适度引导，确保团队结构合理、职责清晰。

教学流程通常包括项目导入、项目分析、项目实施、项目检查与评估等环节。项目导入阶段，教师需清晰阐述项目背景、目标与要求，激发学生兴趣；项目分析阶段，教师引导学生深入剖析项目，明确任务与难点，共同制定实施计划；项目实施阶段，学生按计划开展实践操作或开发工作，教师需提供及时、有针对性的指导与支持，帮助学生克服困难；项目检查与评估阶段，师生共同对项目成果进行评价，总结经验教训，促进能力提升。

教学资源配置是保障项目顺利实施的前提。需提供充足的硬件资源（如实验室设备、实训场地、计算机等）和软件资源（如专业教学软件、开发工具、在线学习平台等），满足学生实践需求。此外，积极引入企业技术人员作为兼职教师或项目导师，参与教学指导，能为学生提供专业的技术支持和宝贵的实践经验。

4. 师资队伍建设与保障

实施真实项目入课对教师提出了更高要求，需要教师不仅具备扎实的理论知识，还需拥有丰富的实践经验和项目开发指导能力。教师需要能够有效指导学生完成项目，解决项目实施中遇到的各种技术难题和协作问题。因此，加强师资队伍建设是项目成功的关键保障。

学校应多措并举提升教师实践能力。一是鼓励并支持教师到合作企业挂职锻炼，参与实际项目开发与生产，了解行业最新技术动态，积累实战经验；二是定期邀请企业技术专家、业务骨干来校讲学或开展专项培训，为教师传授前沿实践知识与技能；三是鼓励教师积极参与各类教学改革项目、应用技术研究项目，在实践中提升教学与科研能力。

为保障师资队伍建设的持续有效，学校应建立完善的激励与保障机制。设立专项经费，支持教师参加培训、进修和企业实践；在职称评聘、绩效考核等方面，对具备丰富实践经验和项目指导能力的教师给予适当倾斜；建立教师实践能力评价体系，定期对其实践能力进行考核与反馈，激励教师持续提升自身实践水平。

案例分析：以智慧化税费计算与申报为例

以“智慧化税费计算与申报——企业税务综合实训项目”为例，该项目与湖南中捷财务咨询公司合作开展，将企业实际的税务工作流程和业务引入课堂教学。

在项目引入阶段，教师通过企业专家讲座和实际案例展示，向学生详细介绍了项目的背景与目标。企业专家介绍了当前税收政策的最新变化，以及企业在税务管理方面面临的挑战与需求，让学生认识到项目的重要性和实际应用价值。教师还展示了企业过去的税务申报案例和税务筹划方案，激发了学生的学习兴趣和积极性。

在项目实施过程中，学生被分成若干小组，每个小组负责模拟一家企业的税务工作。学生需要完成从税务登记、纳税申报到税务筹划等一系列任务。在税务登记环节，学生根据给定的企业信息，在税务系统中进行登记操作，熟悉税务登记的流程和所需资料。在纳税申报环节，学生根据企业的财务数据，计算各项税款，并填写纳税申报表，完成网上申报。在税务筹划环节，学生需要深入分析企业的经营状况和财务数据，结合税收政策，为企业制定合理的税务筹划方案。

在项目实施过程中，学校教师与企业导师密切配合，为学生提供指导和帮助。学校教师主要负责理论知识的讲解和指导，帮助学生理解税收政策和税务工作的基本原理。企业导师则凭借其丰富的实践经验，为学生提供实践操作方面的指导，帮助学生解决在项目实施过程中遇到的实际问题。例如，当学生在计算企业所得税时遇到困难，企业导师通过实际案例，详细介绍了企业所得税的计算方法和注意事项，帮助学生顺利完成了计算任务。

项目总结阶段，各小组学生对项目实施过程进行了全面总结，并进行了项目成果展示。学生展示了自己完成的税务申报资料和税务筹划方案，分享了在项目实施过程中的经验和体会。教师和企业导师对学生的项目成果进行了评价和反馈，肯定了学生的成绩和进步，同时指出了存在的问题和不足，并提出了改进意见和建议。

通过这个项目，学生不仅系统地掌握了税务专业的核心技能，如税务登记、纳税申报、税务筹划等，还显著提升了团队协作、沟通及解决问题的能力。项目实施过程中，学生需与小组成员紧密合作，共同完成任务，这有效培养了他们的团队协作精神和沟通技巧。面对挑战时，学生需要独立思考、分析并寻找解决方案，从而锻炼了其问题解决能力和创新思维。此外，学生对税务行业的职业规范与职业道德有了更深刻的认识，为未来职业生涯奠定了坚实基础。

4.2.3　成果导向的考核评价体系

1. 成果导向教育理念概述

成果导向教育（outcome - based education，OBE）理念最早由美国教育学家威廉·斯派蒂（William Spady）于20世纪80年代初提出。经过多年的发展与实践，该理念在全球教育领域，特别是工程教育、职业教育等领域得到了广泛认可与应用。其核心内涵是以学生最终取得的学习成果作为教育教学活动的出发点和落脚点，反向规划和实施教学。这意味着整个教育过程都紧密围绕学生在毕业时应具备的能力和素质展开，强调学生通过学习所获得的实际成果，而非仅仅关注教学过程或知识的简单传授。

成果导向的教育理念具有鲜明的特点。一是以学生为中心，将学生的学习需求和发展放在首位，关注每个学生的成长与进步，鼓励学生积极参与学习过程，自主探索和获取知识；二是聚焦学习成果，明确学生在不同学习阶段应达到的具体、可衡量的学习成果，并以此为依据设计教学内容、教学方法和评价方式，确保教学活动与学习成果的紧密关联；三是强调持续改进，通过对学生学习成果的定期评价和反馈，及时发现教学过程中存在的问题，不断调整和优化教学策略，以提高教学质量和学生学习效果。

在高职教育中应用成果导向教育理念具有重要意义。它能够使高职教育更加贴近市场需求和职业岗位要求，培养出符合企业实际需求的高素质技术技能人才。通过明确学生毕业后应具备的职业能力和素养，并将这些能力和素养融入课程体系和教学内容中，使学生在学习过程中能够有针对性地提升专业技能和实践能力，增强就业竞争力。成果导向的教育理念还有助于促进高职教育教学改革，推动教学方法和评价方式的创新，提升整体教学质量和人才培养水平。

2. 考核评价体系的构建原则

以学生为中心是构建考核评价体系的首要原则。在成果导向教育理念下，学生是学习的主体，考核评价应充分考虑学生的个体差异和学习需求，关注学生的学习过程和学习成果。评价内容应涵盖学生在知识、技能、素质等方面的全面发展，评价方式应多样化，以满足不同学生的学习特点和发展需求。在实践操作考核中，教师可以根据学生的实际表现，给予个性化的评价和反馈，帮助学生发现自己的优势和不足，促进其自我发展。

聚焦学习成果是考核评价体系的核心原则。考核评价应紧密围绕学生的学习成果展开，明确学生在课程学习、项目实践等环节中应达到的具体成果，并以此为标准进行评价。评价指标应具有可操作性和可测量性，能够准确反映学生的学习成果和能力水平。例如，对于一门专业课程，可以根据课程目标和教学大纲，制定明确的学习成果指标，如学生应掌握的知识点、技能点、解决实际问题的能力等，通过考试、作业、项目报告等多种方式对学生的学习成果进行评价。

多元评价原则要求考核评价体系采用多种评价方式和评价主体。评价方式应包括但不限于考试、实践操作考核、项目成果展示、课堂表现和小组合作评价等，以全面、客观地评价学生的学习情况。评价主体应多元化，除了教师评价外，还应引入学生自评、互评以及企业评价等。学生自评可以帮助学生反思自己的学习过程，发现问题和不足；互评可以促进学生之间的交流和学习，培养学生的团队协作能力；企业评价能够从职业岗位的角度，对学生的实践能力和职业素养进行评价，使评价结果更具真实性和实用性。在一个项目实践中，教师可以根据学生的项目报告和实践操作表现进行评价，学生可以通过自评和互评，对自己和他人的团队协作能力、沟通能力等进行评价，企业可以根据学生在项目中的实际表现，对学生的职业能力和素养进行评价。

3. 评价指标与标准设定

知识评价指标主要考查学生对专业知识的掌握程度，包括基础知识、专业知识和前沿知识等。评价标准通常可以分为优秀、良好、中等、及格和不及格五个等级。优秀等级要求学生能够系统、全面地掌握所学知识，对知识有深入的理解和认识，能够灵活运用知识解决复杂问题；良好等级要求学生掌握大部分知识，对知识有较好的理解，能够运用知识解决一般性问题；中等等级要求学生掌握基本知识，对知识有一定的理解，能够完成基本的学习任务；及格等级要求学生掌握基本的知识点，能够应对简单的问题；不及格等级表示学生对知识的掌握存在较大差距，无法完成基本的学习要求。例如，在一门专业课程的考试中，优秀等级的学生应能够准确回答大部分难题，对知识点的理解深入，且能举一反三；良好等级的学生能正确回答大部分常规问题，理解主要知识点；中等等级的学生能答对基础知识部分的题目，对部分知识点有一定理解；及格等级的学生能答对部分基础题，勉强达到课程的基本要求；不及格等级的学生则在基础知识的掌握上存在较多漏洞，无法通过考试。

技能评价指标主要针对学生的实践技能和操作能力，如专业技能、计算机技能、沟通技能等。评价标准可分为五个等级。优秀等级的学生技能熟练、精准，能够独立完成复杂任务，并能对技能进行创新应用；良好等级的学生技能较为熟练，能较好地完成任务，具备一定的应变能力；中等等级的学生掌握基本技能，能在指导下完成常规任务；及格等级的学生基本掌握技能，能完成简单任务，但存在一定失误；不及格等级的学生技能掌握不足，难以完成任务。例如，在计算机编程课程中，优秀的学生能够熟练运用多种编程语言，高效地完成复杂的程序设计任务，代码简洁、逻辑清晰；良好的学生能熟练地完成常见的编程任务，代码质量较高；中等水平的学生可以完成基本的编程作业，但代码可能存在一些小问题；及格的学生能编写简单的程序，但容易出现语法错误或逻辑漏洞；不及格的学生则在编程的基本语法和逻辑理解上存在困难，无法完成简单的编程任务。

素质评价指标包括学生的职业素养、团队协作能力、创新能力、学习能力等。优秀等级的学生具备良好的职业素养，团队协作能力强，创新思维活跃，学习能力突出；良好等级的学生职业素养较好，能积极参与团队协作，有一定创新意识，学习能力较强；中等等级的学生职业素养一般，能在团队中发挥一定作用，有一定的学习能力；及格等级的学生具备基本的职业素养，能参与团队协作，但主动性不足，学习能力有待提高；不及格等级的学生职业素养欠缺，团队协作能力差，学习能力不足。例如，在一个团队项目中，优秀的学生能够积极承担责任，协调团队成员之间的关系，提出创新性的想法和解决方案，且能够快速学习和掌握新的知识和技能；良好的学生能积极配合团队工作，提出一些有价值的建议，学习能力较强；中等的学生能完成自己的任务，在团队中发挥一定作用，有一定的学习能力；及格的学生能参与团队工作，但主动性不够，学习新知识和技能的速度较慢；不及格的学生则缺乏团队合作精神，经常出现不配合团队工作的情况，学习能力也较差，难以跟上项目的进度。

4. 评价方法与实施流程

考试是一种常见的评价方法，用于考查学生对知识的掌握程度。考试形式可以包括笔试、口试、机试等。笔试主要考查学生对理论知识的记忆和理解能力，口试可以考查学生的口头表达能力和对知识的应用能力，机试则适用于考查学生的计算机操作技能和编程能力等。在考试实施过程中，需要制订科学合理的考试大纲和命题计划，确保考试内容覆盖课程的主要知识点和技能点。考试时间和地点的安排要合理，考试过程要严格监考，保证考试的公平公正。例如，对于一门专业课程的笔试，考试大纲应明确考试的范围、题型、分值分布等；命题计划要根据考试大纲，选择具有代表性的题目，全面考查学生对知识的掌握情况。

实践操作评价主要用于考查学生的实践技能和操作能力，可以在实验室、实训基地等场所进行，让学生完成实际的操作任务，如实验操作、设备调试、产品制作等。教师在学生实践操作过程中进行观察和评价，记录学生的操作步骤、操作熟练程度、解决问题的能力等。在评价时，要制定详细的评价标准和评分细则，确保评价的客观性和准确性。例如，在机械制造专业的实践操作评价中，学生需要在规定时间内完成一个机械零件的加工制作，教师根据学生的操作规范、加工精度、时间控制等方面的表现进行评价，按照评分细则给出相应的分数。

项目成果展示评价要求学生以团队或个人的形式完成一个项目，并展示项目成果。学生需要在展示过程中介绍项目的背景、目标、实施过程、成果以及创新点等。评价主体可以包括教师、学生和企业专家等，他们根据项目的创新性、实用性、技术难度、展示效果等方面进行评价。在项目成果展示前，教师要明确展示的要求和评价标准，让学生有针对性地准备展示内容。在评价过程中，评价主体要认真听取学生的介绍，仔细查看项目成果，进行客观公正的评价。例如，在一个软件开发项目成果展示中，学生团队需要展示软件的功能、界面设计、用户体验等。教师、企业专家和其他学生根据预先制定的评价标准，从软件的创新性、实用性、技术实现难度、展示的清晰度等方面进行打分和评价。

评价实施流程一般包括确定评价目标、选择评价方法、制定评价标准、实施评价、收集评价数据和分析评价结果等环节。在确定评价目标时，要明确评价的目的和对象，是为了评价学生的学习成果、教师的教学质量还是课程的有效性等。根据评价目标选择合适的评价方法，如上述提到的考试、实践操作、项目成果展示等。制定详细的评价标准，确保评价的科学性和客观性。在实施评价过程中，要严格按照评价标准进行评价，收集学生的学习成果、表现等相关数据。对收集到的数据进行分析，得出评价结果，并撰写评价报告，为教学改进和学生发展提供依据。例如，在一门课程的评价中，首先确定评价目标是了解学生对课程知识和技能的掌握情况，然后选择考试、实践操作和课堂表现评价等方法，制定相应的评价标准，在教学过程中实施评价，收集学生的考试成绩、实践操作记录、课堂表现等数据，对这些数据进行分析，得出每个学生的评价结果，并撰写评价报告，分析学生在学习过程中存在的问题和教师在教学中需要改进的地方。

5. 评价结果的反馈与应用

评价结果反馈给学生是促进学生学习和发展的重要环节。教师应及时将评价结果反馈给学生，让学生了解自己的学习情况和存在的问题。反馈方式可以包括书面反馈、面对面交流、在线平台反馈等。书面反馈可以详细地指出学生的优点和不足，提出具体的改进建议；面对面交流可以让教师更直接地了解学生的想法和困惑，给予有针对性的指导；在线平台反馈则方便快捷，学生可以随时查看自己的评价结果和教师的反馈意见。例如，在书面反馈中，教师可以针对学生的作业、考试试卷等，详细标注出学生的错误和不足之处，并给出改进的建议，如“在这道题中，你的解题思路存在问题，应该从以下几个方面进行思考……建议你在今后的学习中，多做一些类似的练习题，加深对知识点的理解”。

教师根据评价结果反思教学过程，发现教学中存在的问题，如教学内容是否合适、教学方法是否有效、教学进度是否合理等，从而调整教学策略，改进教学方法，优化教学内容，提高教学质量。如果评价结果显示学生对某个知识点的掌握情况不理想，教师可以重新设计教学方案，采用更生动、形象的教学方法，如案例教学、项目教学等，帮助学生理解和掌握该知识点；如果发现教学进度过快或过慢，教师可以适当调整教学进度，确保学生能够跟上教学节奏。

学校和教师可以根据评价结果对学生进行个性化的指导和辅导。对于学习成绩优秀的学生，可以提供更具挑战性的学习任务和发展机会，如参加学科竞赛、科研项目等，进一步激发他们的学习潜力；对于学习有困难的学生，要给予更多的关注和帮助，分析他们学习困难的原因，制订个性化的学习计划，进行有针对性的辅导，帮助他们克服困难，提高学习成绩。例如，对于在数学课程中表现优秀的学生，可以推荐他们参加数学建模竞赛，以锻炼其应用能力和创新能力；对于数学学习有困难的学生，教师可利用课余时间为其进行一对一的辅导，帮助他们巩固基础知识，提高解题能力。

评价结果还可用于人才培养质量的监控和评估。学校通过对评价结果的分析，了解人才培养目标的达成情况，发现人才培养过程中存在的问题，及时调整人才培养方案和教学计划，不断提高人才培养质量。例如，学校可定期对毕业生的就业情况、职业发展情况进行跟踪调查，将调查结果与人才培养目标进行对比分析，根据分析结果调整专业设置、课程体系和教学内容，使人才培养更加符合社会需求。

6. 案例分析：以“大数据与会计 2302 班”为例

以湖南有色金属职业技术学院大数据与会计专业二年级的“大数据与会计 2302 班”（以下简称“会计 2302 班”）为例，该班级在成果导向考核评价体系实施过程中，展现出诸多值得肯定的成效，同时也暴露出一些有待改进的问题。

在实施成效方面，学生的学习积极性和主动性得到了显著提升。相较于传统以期末考试成绩为主的考核方式，学生往往考前临时抱佛脚，平时学习动力不足，而成果导向的考核评价体系将平时成绩、项目成果等过程性评价纳入总成绩的较大比重，促使学生更加注重日常学习与实践。例如，在税务筹划课程的学习中，为了在项目成果考核中取得好成绩，学生主动查阅大量资料，深入研究税收政策，积极与团队成员协作，共同制定税务筹划方案。这种模式极大地激发了学生的学习热情，促使学生学习态度从被动接受转向主动探索。

同时，学生的实践能力和综合素质也得到了有效提升。在“真实项目入课”的教学模式下，结合成果导向的考核评价，学生获得了更多将理论知识应用于实践的机会。在纳税申报项目中，学生通过实际操作纳税申报软件完成企业任务，不仅熟悉了申报流程与方法，还提升了计算机操作技能和数据分析能力。在团队协作项目中，学生通过与成员沟通协作、解决矛盾，锻炼了团队协作和沟通能力。面对复杂的税务问题，学生能够运用所学知识进行分析和解决，其创新思维和问题解决能力也得到了培养。

然而，该班级的考核评价体系实施过程中也存在一些不足。部分学生对考核评价体系的理解不够深入，未能充分发挥主观能动性。一些学生虽然了解体系侧重实践与综合素养，但对于如何在日常学习中提升这些能力，以及如何在考核中有效展示，缺乏清晰的认识。部分学生在完成项目任务时，存在“为了完成而完成”的心态，未能深入思考项目价值，也未能充分施展个人潜能和团队协作效能。

此外，考核评价过程中的主观性问题也有待解决。在项目成果和素质考核环节，部分评价标准的主观性较强，不同评价者可能给出差异较大的结果，影响了评价的公正性与客观性。例如，在团队协作能力评价中，不同教师对成员贡献度的判断可能存在分歧，导致学生对评价结果产生怀疑。

针对这些问题，需要进一步加强对学生的引导与培训，帮助他们深入理解考核评价体系的内涵与要求，明确学习目标。可通过举办专题讲座、主题班会等形式，详细解读体系内容与评价标准，让学生明晰提升实践能力与综合素养的路径。还可组织模拟项目考核，让学生在实践中熟悉流程与标准，提升应对能力。

为解决评价的主观性问题，应进一步完善评价标准，使其更加明确、具体、可量化。可制定详细的评价细则，明确各项指标的含义与评分依据，减少主观判断空间。同时，需加强对评价者的培训，提升其专业素养与评价能力，确保评价结果的公正客观。可定期组织评价者进行培训与交流，学习先进评价方法，提高评价准确性。

第 5 章

智慧课程的进化论

在数字化浪潮席卷之下，高职税务教育正经历着深刻的变革。传统高职税务教育模式在课程体系、教学方法及实践教学等方面存在诸多不足：课程体系往往与实际工作需求脱节；教学方法偏重理论讲授，缺乏实践操作与案例分析，难以激发学生的学习兴趣与积极性；实践教学环节常因实训基地建设不完善、实训内容与实际工作差距较大，导致学生毕业后难以快速适应岗位需求。

“教育新基建”的推进，5G、人工智能、大数据、XR（扩展现实，涵盖 VR 虚拟现实、AR 增强现实、MR 混合现实等）等新技术的涌现，为高职税务教育的变革注入了强大动力。教育新基建是面向教育高质量发展需求，聚焦信息网络、平台体系、数字资源、智慧校园、创新应用、可信安全等方面的新型基础设施体系，以技术创新为驱动，以信息网络为基础，为教育数字化转型提供关键支撑。

放眼国际，教育新基建的相关理念与实践已获得广泛关注与深入发展。美国在教育信息化基础设施建设方面长期处于领先地位，持续投入资金升级校园网络，提升宽带接入速度，为数字化教育构建高速稳定的网络环境。例如，许多学校已实现 5G 网络全覆盖，为新教育技术的应用奠定了坚实基础。欧盟亦大力推行“数字教育行动计划”，旨在通过新基建提升教育质量与公平性，在智能校园建设、数字化学习资源开发等领域取得了显著进展。

在 5G + XR 技术应用于教育领域方面，国外进行了大量探索与实践。部分高校和职业院校利用 5G 的高速率、低时延特性，结合 XR 技术开展沉浸式教学。如在工程、医学、艺术等专业课程中，学生佩戴 VR/AR 设备，可身临其境地参与虚拟实验、手术模拟、艺术创作等实践活动，极大提升了学习的趣味性与效果。以医学教育为例，利用 5G + XR 技术构建虚拟手术场景，医学生可在虚拟环境中反复练习手术操作，模拟各种复杂情况，提升技能与应变能力，同时规避了真实手术中的风险。

智能学习分析系统在国外教育领域同样得到深入研究和广泛应用。在以美国为代表的发达国家，众多学校与教育机构采用此类系统，收集并分析学生的学习行为数据、成绩数据、在线学习轨迹等多源数据。借助大数据分析与机器学习算法，系统能够为教师生成学生学习情况的详尽报告，涵盖学习进度、知识掌握程度、学习难点等，助力教师及时调整教学策略，实现个性化教学。同时，系统还能为学生提供个性化的学习建议与路径规划，引导其自主学习，提高学习效率。例如，Knewton 公司开发的智能学习平台，能根据学生数据实时调整学习内容与难度，提供定制化学习体验，取得了良好效果。

聚焦国内，“教育新基建”战略的提出，加速了教育领域的数字化转型进程。政府出台系列政策支持新基建，加大教育信息化基础设施投入，推动 5G、人工智能、大数据等技术在教育中的应用。众多高校与职业院校积极响应，开展智慧校园建设，构建数字化教学平台，整合教育资源，为师生创造更便捷高效的教学环境。

在高职税务教育领域，相关技术的研究与应用亦逐渐兴起。部分高职院校开始尝试将5G＋XR技术融入税务实训教学。通过构建虚拟税务办税大厅、企业税务管理场景等，让学生在虚拟环境中进行税务申报、筹划、稽查等实践操作。学生可模拟处理不同企业的税务业务，与虚拟的税务人员、企业客户交互，从而提升税务实践能力与职业素养。以湖南有色金属职业技术学院为代表的部分院校，还利用5G技术实现了远程税务实训教学，学生可通过移动终端随时随地参与实训，打破了时空限制。

智能学习分析系统在高职税务教育中的应用已成为研究热点。部分院校建立学习分析平台，收集学生在税务课程学习过程中的数据，如课堂表现、作业完成情况、考试成绩等，运用数据分析技术评估学习过程与结果。通过挖掘数据信息，发现学生学习问题与潜在需求，为教师提供教学决策依据，实现精准教学。例如，根据学生特点与薄弱环节，推送个性化学习资源与辅导内容，助力学生提升学业成绩与能力。此外，该系统还可用于监测与评估教学质量，为学校的教学管理与课程改革提供数据支持。

5.1 教育新基建赋能智慧课程

5.1.1 教育新基建的内涵

教育新基建是国家“新基建”战略在教育领域的具体实践，是推动教育数字化转型与高质量发展的关键支撑。2021年，教育部等六部门联合发布的《关于推进教育新型基础设施建设构建高质量教育支撑体系的指导意见》明确指出，教育新型基础设施是以新发展理念为引领，以信息化为主导，面向教育高质量发展需求，聚焦信息网络、平台体系、数字资源、智慧校园、创新应用、可信安全等方面的新型基础设施体系。

从范畴上看，教育新基建涵盖了多个层面。信息网络新型基础设施是基础，包括建设教育专网，实现各级各类学校和教育机构网络的高速互联，推进IPv6等新一代网络技术的应用，以及升级校园网络，实现无线网络全覆盖和校园物联网建设等，为教育信息化提供高速、稳定、安全的网络环境。平台体系新型基础设施是核心，旨在构建新型数据中心，促进教育数据的汇聚、应用与共享，推动各级各类教育平台的融合发展，形成“互联网＋教育”大平台，为教育教学、管理和服务提供强大的平台支撑。数字资源新型基础设施是关键，通过汇聚、整合和开发优质数字教育资源，推动资源供给侧结构性改革，满足多样化的教育教学需求。智慧校园新型基础设施则着眼于物理空间与网络空间的融合，打造智慧教学、管理、科研、服务一体化的校园环境，拓展教育新空间。创新应用新型基础设施聚焦于利用新技术开展教育创新应用，如5G＋XR技术在教学中的应用、智能学习分析系统的构建等，推动教育流程再造和模式重构。可信安全新型基础设施是保障，旨在提升教育网络和信息安全防护能力，确保教育新基建的安全稳定运行，保护师生的信息安全和隐私。

教育新基建的建设目标是到2025年，基本形成结构优化、集约高效、安全可靠的新型教育基础设施体系，并通过持续建设和迭代升级，实现长期、全面的发展。这一目标旨在为教育高质量发展提供坚实的数字底座，促进线上线下教育融合发展，推动教育数字转型、智能升级、融合创新，培养适应新时代需求的高素质人才。

5.1.2 教育新基建的特征

教育新基建具有鲜明的特征，这些特征使其区别于传统教育基础设施，为教育带来全新的变革和发展机遇。

1. 数字化特征

教育新基建以数字化技术为核心驱动力，将教育教学的各个环节进行数字化转化。从教学资源的数字化开发、存储和传播，到教学过程的数字化记录和管理，再到学生学习成果的数字化评估，数字化贯穿于教育的全过程。例如，通过数字化技术，可以将税务领域的法律法规、政策文件、案例等资源转化为数字形式，方便学生随时随地获取和学习。教师可以利用数字化教学工具进行课程设计、教学演示和作业批改，提高教学效率和质量。同时，数字化技术还能实现教育数据的采集和分析，为教学决策提供数据支持。

2. 智能化特征

借助人工智能、大数据、机器学习等技术，教育新基建实现了教育的智能化发展。智能学习分析系统能够收集和分析学生的学习行为数据，如学习时间、学习路径、答题情况等，精准洞察学生的学习状态和需求，为学生提供个性化的学习建议和学习资源推荐。在高职税务教育中，智能系统可以根据学生对不同税种知识的掌握情况，有针对性地推送相关的学习资料和练习题，帮助学生查缺补漏。智能教学辅助工具还能自动批改作业、评估考试成绩，减轻教师的工作负担，同时提供详细的学情分析报告，助力教师调整教学策略。

3. 融合性特征

教育新基建强调多技术融合和多领域融合。在技术层面，5G、XR、云计算、区块链等新一代信息技术相互融合，共同为教育服务。5G 技术的高速率、低时延特性为 XR 技术在教育中的应用提供了保障，使学生能够在沉浸式的虚拟环境中学习和实践，如利用 5G + XR 技术构建虚拟税务实训场景，让学生身临其境地体验税务业务操作。在领域层面，教育新基建促进了教育与其他行业的深度融合，将行业的实际需求和最新发展成果引入教育教学中。高职税务教育紧密结合税务行业的政策变化、业务流程和实际案例，使学生所学知识与行业实际需求紧密对接，提高学生的职业素养和就业竞争力。

4. 创新性特征

教育新基建鼓励创新教育模式和教学方法。它推动教育从传统的以教师为中心向以学生为中心的个性化、互动式、探究式教学模式转变。利用新型基础设施，可以开展基于项目的学习、基于问题的学习等教学活动，激发学生的学习兴趣和创新思维。在税务实训教学中，通过创建虚拟企业税务项目，让学生在解决实际问题的过程中培养创新能力和实践能力。教育新基建还推动了教育评价方式的创新，从单一的考试评价向多元化、过程性评价转变，更加全面、客观地评价学生的学习成果和能力发展。

5.1.3　高职税务智慧课程的概念与目标

高职税务智慧课程是在教育新基建背景下，充分融合 5G、人工智能、大数据、XR 等新一代信息技术，以培养适应现代税务行业需求的高素质技术技能人才为目标，具有智能化、个性化、交互性、情境化等特征的新型课程形态。它打破了传统课程的时空限制，构建了虚实结合的教学环境，实现了教学资源的智能化推送、学习过程的精准化分析和教学评价的多元化开展。

智能化是高职税务智慧课程的核心特征之一。借助人工智能和大数据技术，课程能够根据学生的学习行为、知识掌握程度、兴趣偏好等多源数据，实现学习资源的个性化推荐。当学生在学习增值税相关知识时，系统根据其对增值税计算、申报等知识点的答题情况和学习时长，分析出学生的薄弱环节，精准推送针对性的学习资料，如案例解析、专项练习题等，帮助学生巩固知识。

个性化体现在满足不同学生的学习需求。每个学生的学习能力、学习风格和学习进度都有所不同，智慧课程通过智能学习分析系统，为学生制定个性化的学习路径和学习计划。对于基础较好、学习能力较强的学生，系统提供拓展性的税务筹划案例和前沿的税务政策解读，鼓励他们深入探究；对于基础薄弱的学生，则提供基础知识的强化学习资源和一对一的辅导建议，帮助他们逐步跟上学习进度。

交互性强调学生与教师、学生与学生、学生与学习资源之间的互动交流。通过在线学习平台、虚拟仿真实验环境等，学生可以随时随地与教师进行沟通，请教学习问题，参与课堂讨论。在虚拟税务实训场景中，学生可以与虚拟的税务工作人员、企业客户进行交互，完成税务业务办理，提升沟通能力和实践能力。同时，学生之间也可以通过小组协作的方式，共同完成项目任务，培养团队合作精神。

情境化是利用 5G + XR 技术，为学生营造逼真的税务工作场景。学生通过佩戴 VR/AR 设备，身临其境地进入虚拟的税务办税大厅、企业财务部门等场景，进行税务申报、税务稽查、税务咨询等业务操作。在虚拟的企业财务部门场景中，学生可以与虚拟的同事一起处理企业的税务账务，感受真实的工作氛围，加深对税务工作的认知和理解。

高职税务智慧课程的目标紧密围绕学生综合能力培养和税务行业发展需求，旨在培养具有扎实的税务专业知识、熟练的实践操作技能、良好的职业素养和创新能力的高素质税务人才。

在知识与技能目标方面，学生要系统掌握税务专业的基础理论知识，包括税收法律法规、税收实务、税务筹划、税务会计等方面的知识。深入理解增值税、消费税、企业所得税、个人所得税等主要税种的政策法规和计算方法，熟悉税务申报的流程和操作要点。熟练掌握税务信息化工具和软件的使用，如增值税发票管理系统、电子税务局申报系统等，能够运用这些工具进行税务业务处理。学生要具备较强的税务实践操作能力，能够独立完成企业税务核算、纳税申报、税务筹划等工作任务。

在职业素养目标方面，培养学生严谨认真的工作态度。税务工作涉及大量的数据计算和法规应用，任何一点疏忽都可能导致严重后果，因此要求学生在学习和实践过程中养成严谨细致的工作习惯。培养学生的职业道德和法律意识，税务人员需要遵守职业道德规范，诚实守信，保守企业机密，同时要严格遵守税收法律法规，依法纳税，维护国家税收利益。注重培养学生的沟通协作能力，税务工作需要与企业内部各部门、税务机关、客户等进行沟通协作，因此要通过课程教学和实践活动，提升学生的沟通能力和团队协作能力。

在创新能力目标方面，鼓励学生关注税务行业的新技术、新政策和新趋势，培养创新思维和创新意识。引导学生运用所学知识，探索解决税务实际问题的新方法和新途径，如利用大数据分析技术进行税务风险预警，结合人工智能技术优化税务筹划方案等。通过开展创新创业实践活动，如税务创新项目设计、技能竞赛等，提升学生的创新能力和实践能力，为学生未来在税务领域的职业发展和潜在创业奠定坚实基础。

5.1.4 5G+XR 技术在税务实训中的应用场景

1. 5G+XR 技术概述

1）5G 技术的特点与优势

5G 技术作为第五代移动通信技术，具备高速率、低时延、大连接等显著特点，这些特点为其在高职税务实训中的应用奠定了坚实基础。

（1）高速率。5G 网络拥有极高的数据传输能力，其理论峰值速率可达每秒数千兆比特（Gbps），相比 4G 网络，传输速度提升数十倍乃至上百倍。在高职税务实训中，这一特性使得学生能够快速获取和处理大量的税务数据及学习资源，如下载复杂的税务案例分析文档、高清的税务业务操作演示视频等，极大地节省了等待时间，显著提高了学习效率。例如，在进行税务筹划案例研究时，学生可通过 5G 网络迅速获取企业的财务报表、税务数据以及相关的政策法规文件，为分析和制定筹划方案提供及时、充足的数据支持。

（2）低时延。5G 技术将网络延迟大幅降低，通常可控制在几毫秒级别，实现了近乎实时的网络响应。这一特性对于需要实时互动的税务实训场景至关重要。在远程税务咨询实训中，学生扮演税务顾问，通过 5G 网络与虚拟客户进行实时视频交流，解答客户的税务疑问。低时延确保了交流的流畅性，客户的提问能够得到及时回应，学生也能根据客户的反馈迅速调整回答内容，营造出接近面对面交流的真实感，有效提升了实训的真实性和效果。

（3）大连接。5G 网络具备更大的系统容量和连接密度，能够同时支持海量设备接入并进行高效通信。在高职税务实训场景中，这意味着多名学生可以同时接入实训系统，使用各种智能设备进行学习和操作，而不会出现网络拥堵或性能下降的情况。例如，在虚拟税务办税大厅实训中，众多学生可以同时模拟纳税人、税务工作人员等不同角色，在虚拟环境中进行税务申报、审核等业务操作，系统能够实时处理每个学生的操作数据和交互信息，保证实训的顺利进行。此外，5G 网络还能高效连接各类税务智能终端设备，如智能税务机器人、税务数据采集传感器等，为实训提供更丰富的数据来源和多样化的实训手段。

2）XR 技术的分类与原理

XR（扩展现实）技术是 VR（虚拟现实）、AR（增强现实）和 MR（混合现实）等技术的统称，它融合了计算机图形学、传感器技术、人机交互等多种技术，通过将虚拟信息与现实世界进行交互和叠加，创造出一种全新的沉浸式用户体验。

（1）VR（虚拟现实）技术。VR 技术利用计算机生成一个完全模拟的虚拟环境，用户通过佩戴头戴式显示设备（HMD）等硬件，完全沉浸在这个由计算机仿真系统创建的虚拟世界中。在这个虚拟世界里，用户的视觉、听觉等感官会被虚拟环境所包围，产生身临其境的感觉。其原理是通过计算机图形学实时生成与用户动作和视角相匹配的虚拟场景画面，并通过 HMD 呈现给用户。当用户转动头部时，传感器会捕捉到这一动作，并将信号传输给计算机。计算机根据用户的新视角，迅速计算并更新虚拟场景画面，再通过 HMD 展示给用户，从而实现用户在虚拟环境中的自由交互和沉浸式体验。在高职税务实训中，利用 VR 技术可以构建虚拟的税务机关办公场景、企业财务室等，学生可以在其中模拟税务工作人员处理各类税务业务，感受真实的工作氛围。

（2）AR（增强现实）技术。AR 技术通过计算机算法将文字、图像、3D 模型、视频等虚拟信息叠加到用户所看到的真实世界环境中，用户可以借助智能眼镜、手机屏幕等显示设备“观看”融合了虚拟信息的现实世界，从而拥有“超现实”的感官体验，实现对现实世界的“增强”。其原理是利用摄像头等设备实时捕捉真实场景画面，通过计算机视觉技术对画面进行分析和处理，识别出场景中的特征点和物体，然后根据这些信息将虚拟信息精准地叠加到真实场景中对应的位置上，再通过显示设备呈现给用户。在税务实训中，学生可以使用 AR 设备，在真实的教室环境中查看税务业务流程的虚拟演示，将虚拟信息与现实场景相结合，更直观地理解和掌握税务知识。例如，学生可以通过 AR 眼镜查看纸质税务表格上的虚拟注释或动态流程图。

（3）MR（混合现实）技术。MR 技术是 VR 技术和 AR 技术的融合与升华。MR 头显不仅能够实时采集现实场景画面，还能将其与虚拟效果相结合，创造出虚拟与现实无缝融合的交互环境。从技术上说，MR 头显融合了 VR 头显的虚拟制作技术和 AR 头显的实景采集技术；从用户体验上说，MR 头显结合了 VR 头显的超高表现能力和 AR 头显的真实互动体验。用户在 MR 环境中，既能与虚拟物体进行自然交互，又能感知真实环境中的物体和空间，实现虚拟与现实的无缝融合。在高职税务实训中，MR 技术可用于构建虚实结合的税务稽查或审计场景，学生可以在真实的实训场地中，利用 MR 设备发现隐藏的虚拟税务线索，与虚拟的纳税人或财务人员进行交流，完成稽查或审计任务，提升实践能力。

3）5G 与 XR 技术融合的意义

5G 与 XR 技术的融合为高职税务实训带来了革命性的变化，具有重要的意义。

（1）提供沉浸式学习体验。5G 的高速率和低时延特性为 XR 技术在税务实训中的应用提供了有力保障，使学生能够获得更加逼真、流畅的沉浸式学习体验。在 5G 网络的支持下，VR、AR、MR 等 XR 技术所构建的虚拟税务实训场景能够实现快速加载和实时更新，学生在虚拟环境中的操作能够得到及时响应，避免了因网络延迟而导致的卡顿和中断。例如，在虚拟税务稽查实训中，学生佩戴 VR 设备，通过 5G 网络连接到实训系统，能够身临其境地进入虚拟的企业财务室、仓库等场景进行实地检查，与虚拟的企业人员进行对话，查看各类财务凭证和税务资料。5G 的低时延保证了学生的每一个动作和操作都能实时反馈在虚拟场景中，如打开文件柜、翻阅账本等动作都能流畅呈现，让学生仿佛真正置身于税务稽查工作现场，极大地增强了学习的沉浸感和代入感。

（2）拓展教学资源和教学方式。二者融合拓展了税务实训的教学资源和教学方式。借助 5G 网络的大连接特性，学校可以连接到更多的优质教育资源平台和企业实际案例库，为学生提供丰富多样的税务实训素材。通过 XR 技术，这些教学资源可以以更加生动、直观的形式呈现给学生。例如，利用 AR 技术，可以将税务法规条文以三维动画或交互式图表的形式叠加显示出来，帮助学生更好地理解抽象的法律规定；通过 MR 技术，可以将企业实际发生的税务纠纷案例以虚实结合的方式呈现，让学生参与解决实际问题，提升解决问题的能力。5G + XR 技术还支持远程教学和协作学习，打破了时间和空间的限制。教师可以通过远程操控或系统监控，指导学生在虚拟环境中进行实训操作；学生之间也可以通过网络组成小组，共同完成税务项目任务，促进学生之间的交流与合作。

（3）推动教学模式创新。5G 与 XR 技术的融合推动了高职税务实训教学模式的创新。传统的税务实训教学以教师讲授和学生在模拟软件上操作为主，教学效果有限。而 5G + XR 技术的应用，使得教学模式向以学生为中心的个性化、互动式、探究式转变。在 5G + XR 技术构建的实训环境中，学生可以根据自己的学习进度和兴趣，自主选择实训内容和任务，通过与虚拟环境的交互和探索，主动获取知识和技能。教师则从知识的传授者转变为学习的引导者和帮助者，根据学生在实训过程中的表现和问题，提供个性化的指导和反馈，实现因材施教。这种教学模式的创新有助于激发学生的学习兴趣和主动性，培养学生的创新能力和实践能力，提高税务实训教学的质量和效果。

2. 5G + XR 技术在高职税务实训中的应用场景

1）虚拟办税大厅实训场景

在虚拟办税大厅实训场景中，学生通过佩戴 VR 设备，借助 5G 网络的高速稳定连接和低时延特性，仿佛置身于真实的办税服务厅之中。学生首先需要模拟纳税人进行身份验证。在虚拟环境中，他们按照系统提示，在虚拟的办税终端上输入相关身份信息（如身份证号、密码等），系统通过与后台税务数据库的实时连接，验证身份的真实性。这一过程让学生熟悉纳税人身份验证的流程和要点，了解身份信息在税务业务中的重要性。

身份验证完成后，学生开始办理税务申报业务。在虚拟办税大厅的申报区域，学生根据系统提供的企业财务数据和税务信息，选择相应的税种进行申报。以增值税申报为例，学生在虚拟的申报界面中，需要准确填写销售额、销项税额、进项税额等数据。系统会实时对填写的数据进行校验，若发现错误或异常（如数据逻辑不符、超出合理范围等），会及时给出提示，要求学生进行修正。这帮助学生在实际操作中掌握增值税申报的计算方法和填报规范，避免在实际工作中出现错误。

在办理税务申报过程中，学生还可能会遇到各种问题，如对某项税收政策理解不清、数据填写错误等。此时，他们可以向虚拟的税务工作人员咨询。通过 5G 网络的支持，学生与虚拟税务工作人员之间能够实现实时语音和视频交流，如同在真实办税大厅中与工作人员面对面沟通一样。虚拟税务工作人员会根据学生的问题，详细解答相关政策法规，指导学生正确完成申报操作。这种互动式的学习方式，不仅提高了学生的学习效果，还培养了学生的沟通能力和解决问题的能力。

完成税务申报后，学生还需要进行税款缴纳操作。在虚拟办税大厅中，学生选择合适的税款缴纳方式，如模拟网上银行支付、第三方支付平台支付等，并按照系统提示完成支付流程。系统会模拟真实的支付环境，展示支付成功或失败的提示信息，以及相关的电子支付凭证。这让学生熟悉税款缴纳的流程和方式，了解支付过程中的注意事项。通过在虚拟办税大厅的实训，学生能够全面掌握税务申报和税款缴纳的业务流程，提升税务实践操作能力，为今后从事税务工作打下坚实基础。

2）税务稽查模拟实训场景

利用5G + XR技术模拟税务稽查工作场景，能够为学生提供高度真实的实训体验，有效提升学生的税务稽查能力。在模拟税务稽查工作场景的搭建过程中，运用5G网络的高速数据传输能力，连接税务机关的数据库、企业财务数据系统以及各类税务相关信息平台，获取丰富的数据源。借助XR技术，构建逼真的企业办公场所、财务室、仓库等虚拟场景，将这些数据源中的数据以虚拟文件、凭证、报表等形式融入场景中，为学生提供全面的稽查资料。

在模拟税务稽查实训中，学生首先需要制定稽查计划。他们根据系统提供的企业基本信息、纳税申报数据以及前期风险评估报告等资料，分析企业可能存在的税务风险点，确定稽查的重点方向和范围。在制订计划时，学生可以通过5G网络与教师或其他同学进行交流讨论，分享自己的思路和想法，听取他人的建议，完善稽查计划。这培养了学生的分析判断能力和团队协作能力。

进入企业虚拟场景进行实地检查时，学生佩戴XR设备（如VR头盔或MR眼镜），能够直观地看到企业的办公环境、财务资料存放位置等。他们可以在虚拟场景中自由走动，查看各类财务凭证、账簿、合同等资料，发现潜在的税务问题线索。在查看财务凭证时，学生可以通过设备提供的放大、旋转等功能查看凭证细节，判断凭证的真实性、完整性和合规性；在查阅账簿时，能够快速切换不同的会计期间，对比分析数据的变化情况。当学生发现问题线索后，可通过5G网络实时查询相关税收政策法规，判断问题的性质和严重性。同时，学生还可以与虚拟企业的人员进行交流和询问，了解业务的实际情况。在与虚拟企业财务人员交流时，学生运用沟通技巧，询问企业的经营模式、收入确认方式、成本核算方法等问题，从企业人员的回答中获取更多信息，验证自己的判断。这种与虚拟人物的互动交流，锻炼了学生的沟通能力和应变能力。

完成实地稽查后，学生需要整理稽查资料，撰写稽查报告。在这个过程中，学生将对实训中发现的问题、获取的证据以及相关的政策依据进行梳理总结，按照规范的稽查报告格式撰写。教师可以通过5G网络对学生的撰写过程进行远程指导和反馈，指出报告中存在的问题和不足之处，帮助学生提高撰写稽查报告的能力。通过税务稽查模拟实训，学生能够全面了解税务稽查的工作流程和方法，提升税务风险识别能力、数据分析能力和执法能力，为未来从事税务稽查工作做好充分准备。

3）税收政策宣传模拟实训场景

模拟税收政策宣传活动，对于培养学生的宣传能力和促进学生对税收政策的深入理解具有重要意义。在模拟税收政策宣传活动的策划阶段，学生首先要对当前的税收政策进行深入研究和分析。他们通过5G网络，快速获取国家税务总局发布的最新税收政策文件、政策解读资料以及相关案例分析等信息。借助XR技术，可以将这些抽象的政策内容以生动形象的3D动画、虚拟场景演示、交互式图表等形式呈现出来，以便更好地向纳税人宣传解释。

学生根据税收政策的特点和目标受众，制定详细的宣传方案。确定宣传的渠道，如线上通过社交媒体平台、税务官方网站、在线直播等方式进行宣传，线下通过举办税收政策宣讲会、发放宣传资料等方式开展活动。明确宣传的内容和重点，针对不同的纳税人群体，选择与之相关的税收政策进行有针对性的宣传。例如，对于小微企业，重点宣传小微企业税收优惠政策；对于个人所得税纳税人，重点宣传个人所得税专项附加扣除政策等。在制定宣传方案时，学生可以通过5G网络与企业税务人员、税务机关工作人员进行交流，了解他们对税收政策宣传的需求和建议，使宣传方案更具针对性和实效性。

在模拟税收政策宣传活动的实施过程中，学生需要运用多种宣传方式和技巧。在线上宣传方面，学生可以通过5G网络进行税收政策的在线直播讲解。在直播过程中，学生利用XR技术展示税收政策的虚拟场景案例，如企业享受税收优惠后的财务数据变化、个人所得税专项附加扣除的实际操作演示等，让纳税人更直观地理解政策的内涵和好处。学生还可以通过社交媒体平台发布税收政策解读文章、短视频等内容，与纳税人进行互动交流，解答他们的疑问。

在线下宣传方面，学生举办税收政策宣讲会。在宣讲会上，学生借助XR设备，为纳税人提供沉浸式的税收政策体验。例如，在讲解增值税留抵退税政策时，通过XR技术构建一个虚拟的企业场景，展示企业申请留抵退税的流程和资金到账后的运营变化，让纳税人更清晰地了解政策的实施过程。学生还可以发放精心设计的宣传资料，资料中结合XR技术，设置互动环节，纳税人通过手机扫描资料上的二维码，即可观看相关税收政策的虚拟演示视频，增强宣传效果。

在宣传活动结束后，学生需要对活动效果进行评估和总结。他们通过收集虚拟纳税人（或模拟）的反馈意见，分析宣传资料的阅读量、传播范围等数据，评估宣传活动的效果。根据评估结果，总结经验教训，找出宣传过程中存在的问题和不足之处，提出改进措施，为今后更好地开展税收政策宣传工作积累经验。通过模拟税收政策宣传活动，学生不仅加深了对税收政策的理解和掌握，还提升了沟通能力、组织能力和宣传能力，为未来在税务工作中做好税收政策宣传工作奠定了基础。

3. 5G+XR技术应用案例分析

1）案例选取与介绍

本研究选取了湖南有色金属职业技术学院作为案例研究对象，该院校在教育新基建背景下积极探索5G+XR技术在高职税务实训中的应用，取得了一定的实践成果。

湖南有色金属职业技术学院与当地的通信运营商（如中国联通）和专业的教育科技企业（如厦门科云科技）合作，共同打造了5G+XR税务实训教学平台。学校建设了5G网络全覆盖的实训基地，为5G+XR技术的应用提供了高速、稳定、低时延的网络环境。实训基地中配备了先进的XR设备，如VR头戴式显示设备、AR智能眼镜等，以及相关的教学软件和资源库。这些资源库包含了虚拟办税大厅、税务稽查场景、税收政策案例等丰富的实训内容。

在税务实训课程中，学校引入了5G+XR技术构建的虚拟办税大厅实训场景。学生通过佩戴VR设备，能够身临其境地进入虚拟办税大厅，模拟纳税人进行各类税务业务办理。在虚拟办税大厅中，学生可以进行身份验证、税务申报、税款缴纳等操作，与虚拟的税务工作人员进行互动交流，解决业务办理过程中遇到的问题。学校还利用5G+XR技术开发了税务稽查模拟实训场景和税收政策宣传模拟实训场景。在税务稽查模拟实训中，学生可以在虚拟的企业环境中进行税务稽查工作，通过查看财务资料、与企业人员交流等方式，发现税务问题并进行处理。在税收政策宣传模拟实训中，学生可以模拟税务人员进行税收政策宣传活动，通过线上线下相结合的方式，向虚拟的纳税人宣传税收政策，解答他们的疑问。

2）应用效果分析

从学生学习效果来看，5G+XR技术的应用显著提升了学生的学习积极性和参与度。在传统的税务实训教学中，学生主要通过模拟软件进行操作，学习过程较为枯燥，学生的积极性相对不高。而在5G+XR技术构建的实训场景中，学生仿佛置身于真实的工作环境中，能够亲身参与税务业务的处理，这种沉浸式的学习体验极大地激发了学生的学习兴趣和主动性。

通过对学生的问卷调查和成绩分析发现，学生对税务知识的理解和掌握程度明显提高。在虚拟办税大厅实训中，学生通过实际操作，更加深入地理解了税务申报的流程和要点，对税收政策的应用也更加熟练。在税务稽查模拟实训中，学生的税务风险识别能力和数据分析能力得到了有效锻炼，能够更加敏锐地发现企业税务问题。学生的沟通能力和团队协作能力也得到了提升，在与虚拟人物互动交流以及小组合作完成项目任务的过程中，学生学会了如何有效地表达自己的观点，倾听他人的意见，提高了沟通与协作能力。

从教学效率方面来看，5G+XR技术的应用提高了教学效率。教师可以通过实训平台实时监控学生操作过程，及时发现学生存在的问题并给予指导，实现了个性化教学。在虚拟实训场景中，学生可以反复进行操作练习，不受时间和空间的限制，提高了学习效率。5G+XR技术还能够快速获取和更新教学资源，教师可以根据教学需求，随时为学生提供最新的税务案例和政策解读，使教学内容更加贴近实际工作。

3）存在的问题与改进建议

在技术应用过程中，也暴露出一些问题。设备成本较高是一个突出问题，XR设备价格昂贵，如高端的VR头戴式显示设备和AR智能眼镜，学校需要投入大量资金购买设备，这对于一些资金相对紧张的高职院校来说是一个较大的负担。设备的维护和更新也需要一定的成本，随着技术的不断发展，设备需要定期维护和升级，以保证其性能和稳定性。

内容开发方面也存在不足，目前5G+XR税务实训教学内容的开发还不够完善，部分实训场景的真实性和丰富性有待提高。一些虚拟场景中的业务流程和数据不够真实，无法完全模拟实际工作中的复杂情况，影响了学生的学习体验和学习效果。内容开发的速度也较慢，难以满足教学需求的快速变化。新的税收政策和业务类型不断出现，需要及时开发和更新相应的实训内容，但目前的开发速度还无法完全跟上变化。

针对这些问题，提出以下改进建议。学校可以与企业合作，争取企业的支持和赞助，共同购买和使用设备，降低设备成本。学校还可以通过租赁设备的方式，减少一次性投入，提高设备的利用率。在内容开发方面，学校应加强与税务机关、企业的合作，获取真实的业务数据和案例，丰富实训教学内容。可以组建专业的内容开发团队，提高开发效率和质量，及时根据税收政策的变化和业务需求的更新，开发新的实训场景和教学资源。学校还可以鼓励教师和学生参与内容开发，发挥他们的专业优势和创新思维，共同推动5G+XR技术在高职税务实训中的应用和发展。

5.1.5 智能学习分析系统的构建

1. 智能学习分析系统的架构设计

1）系统总体架构

高职税务教育智能学习分析系统通常采用分层架构设计，主要包括数据采集层、分析层和应用层。各层之间相互协作，共同实现对学生学习数据的全面采集、深入分析和有效应用。

数据采集层负责从多个渠道收集学生在税务学习过程中的各类数据。具体模块包括：

（1）学习平台数据采集模块。收集学生在在线学习平台上的学习数据，包括课程访问记录、学习时长、视频观看进度、在线讨论参与度等。

（2）实训系统数据采集模块。获取学生在税务实训系统中的操作数据，如税务申报流程的完成情况、税务稽查任务的执行结果、操作准确率等。

（3）考试系统数据采集模块。采集学生的考试成绩、答题时间分布、错题分布等数据。

（4）学生行为数据采集模块。通过课堂互动系统、签到工具等方式，收集学生在课堂上的行为数据，如考勤情况、课堂参与度等。

（5）外部数据接口。用于接入税务行业动态数据、企业实际业务数据等外部数据源，为分析提供更丰富的背景信息。

分析层是系统的核心，主要对采集到的数据进行处理和分析。包括：

（1）数据预处理模块。对原始数据进行清洗、去噪、归一化等操作，消除数据中的错误和异常值，使数据符合分析要求。

（2）数据分析与挖掘模块。运用数据挖掘、机器学习等技术，对预处理后的数据进行深入分析，挖掘数据中的潜在模式和规律。例如，通过关联规则挖掘，发现学生学习行为与学习成绩之间的关联；利用聚类分析，将学生按照学习风格、能力水平等进行分类。

（3）模型训练与优化模块。根据分析结果，构建各类预测模型（如学生学习成绩预测模型）和评估模型，并不断优化模型参数，提高模型的准确性和可靠性。

应用层将分析层的结果应用于实际教学中，为教师、学生和教学管理者提供服务。主要包括：

（1）教师教学辅助模块。为教师提供学情分析报告，展示学生的学习进度、知识掌握程度、学习难点等信息，帮助教师调整教学策略，进行个性化教学指导。

（2）学生个性化学习模块。根据学生的学习特点和需求，为学生提供个性化的学习建议和学习资源推荐，如推荐适合学生的税务课程、学习资料、实训项目等，引导学生自主学习。

（3）教学质量评估模块。对教学过程和教学效果进行评估，通过分析教师的教学行为数据和学生的学习成果数据，评估教师的教学质量，为教学改进提供依据。

（4）决策支持模块。为教学管理者提供决策数据，如专业课程设置的合理性分析、教学资源配置的优化建议等，助力教学管理决策的科学化。

2）*数据采集与存储*

在高职税务教育智能学习分析系统中，数据采集来源广泛，具有多渠道性。

（1）学习管理系统。能够获取丰富的学生学习行为数据。例如，学生登录系统的时间、学习课程的选择、在每个课程页面的停留时长，这些数据能反映学生的学习活跃度和对不同课程的关注度。学生参与在线讨论的频率、发言内容和回复他人的情况，体现了学生的互动参与程度和思维活跃度。作业提交的时间、完成质量以及对作业反馈的查看情况，能帮助教师了解学生对知识的掌握和吸收程度。

（2）实训系统。是重要的数据采集源，记录学生在税务实训中的操作过程和结果。例如，在虚拟办税大厅实训中，学生进行税务申报时的操作步骤、填写数据的准确性、遇到问题时的解决方式等，能够直观反映学生的税务实践能力和对业务流程的熟悉程度。在税务稽查模拟实训中，学生发现问题的敏锐度、分析问题的思路以及处理问题的方法等，对于评估学生的税务稽查能力至关重要。

（3）考试系统。提供了学生的考试成绩数据，包括考试的总分、各知识点的得分情况、答题时间分布等。通过对这些数据的分析，可以了解学生对不同知识点的掌握程度、答题速度和时间管理能力。学生在考试中的错题类型和分布，能够帮助教师找出学生的知识薄弱点，为后续教学提供针对性的指导。

（4）其他渠道。还可以通过学生的移动学习设备（需在学生知情同意的前提下）采集数据，如学生使用手机或平板电脑学习税务知识的时间、使用的学习应用等信息。这些数据能反映学生的学习习惯和学习场景，为个性化学习资源推荐提供依据。例如，如果发现学生经常在通勤路上使用移动设备学习，系统可以推荐适合碎片化学习的短视频课程或音频资料。

在数据存储方面，采用分层存储策略：

（1）对于海量、非结构化的原始数据（如视频、讨论内容、日志），可采用分布式存储系统，如 Hadoop 分布式文件系统（HDFS）。HDFS 具有高容错性和高扩展性，能够应对大量数据的存储需求。它将数据分割成多个数据块，存储在不同的节点上，当某个节点出现故障时，数据可以从其他节点获取，保证了数据的安全性和可用性。

（2）对于结构化数据，如学生的基本信息、考试成绩、课程成绩等，存储在关系型数据库中，如 MySQL。关系型数据库具有良好的结构化数据管理能力，能够方便地进行数据的查询、更新和统计分析。

（3）对于半结构化或需要灵活查询的非结构化数据，如实训报告、学习笔记等，存储在非关系型数据库中，如 MongoDB。MongoDB 能够灵活地存储和处理非结构化数据，支持复杂的数据模型，便于对这些数据进行文本挖掘和分析。

通过合理的数据存储方式，确保了数据的高效管理和利用，为后续的数据分析和应用奠定了坚实基础。

3）数据分析与挖掘技术

数据分析与挖掘技术在高职税务教育智能学习分析系统中起着关键作用，能够从海量的学生学习数据中提取有价值的信息，为教学决策和学生学习提供有力支持。

（1）数据挖掘技术。

① 关联规则挖掘。如 Apriori 算法，可用于发现学生学习行为之间的关联关系。通过分析学生在税务课程学习过程中的数据，可能发现“经常在课程讨论区积极发言的学生，其作业完成质量往往较高，考试成绩也相对较好”这类关联。这一发现可以为教师提供参考，鼓励教师引导学生积极参与课堂讨论，提高学习效果。

② 聚类分析。如 K－Means 算法，能够将学生按照学习风格、学习能力等特征进行分类。例如，将学生分为快速学习型、稳步学习型和困难学习型等不同类别后，教师可以针对不同类别的学生制定个性化的教学策略。对于快速学习型学生，可以提供更具挑战性的学习任务和拓展性的学习资源；对于困难学习型学生，则可以给予更多的辅导和支持。

（2）机器学习技术。

① 预测模型。如使用线性回归模型进行学生学习成绩预测。通过收集学生以往的学习

成绩、学习时间、作业完成情况等数据作为特征，建立线性回归模型，预测学生在未来课程学习中的成绩。如果模型预测某学生在即将到来的税务会计课程考试中成绩可能不理想，教师可以提前对该学生进行辅导，提供有针对性的学习建议。

② 分类与决策分析。如决策树算法，可用于分析学生的学习路径和学习决策。例如，分析学生在选择税务实训项目时的决策因素，决策树可以根据学生的专业背景、前期学习成绩等因素，构建模型分析学生选择不同实训项目的原因。通过分析决策树模型，教师可以了解学生的学习需求和偏好，优化实训项目设置。

③ 深度学习技术。深度学习技术中的神经网络模型，如多层感知机（MLP），可以对学生的学习数据进行更复杂的分析和预测。MLP 可以处理多个输入特征之间的非线性关系，能够更准确地预测学生的学习表现。例如，在分析学生的综合学习能力时，MLP 可以综合考虑学生的课堂表现、在线学习行为、实训操作能力、考试成绩等多个因素，对学生的综合学习能力进行评估和预测。

通过这些数据分析与挖掘技术的应用，智能学习分析系统能够更深入地了解学生的学习情况，为教学提供精准的支持，促进高职税务教育质量的提升。

2. 智能学习分析系统的功能模块

1）学情分析模块

学情分析模块是智能学习分析系统的重要组成部分，通过对学生多源学习数据的深度分析，全面、精准地了解学生的学习进度和知识掌握情况，为个性化教学提供坚实依据。

（1）学习进度分析。系统会实时跟踪学生在税务课程学习中的各个环节。通过学习平台数据采集，系统能够获取学生登录平台的时间、课程访问记录以及在每个课程模块的停留时长等信息。根据这些数据，系统可以清晰地绘制出学生的学习进度曲线，直观展示学生在不同时间段内对不同课程内容的学习推进情况。例如，对于税务会计课程，系统可以统计学生完成各个章节学习所需的时间，对比教学计划的进度安排，判断学生是超前、按时还是滞后完成学习任务。如果发现部分学生在“增值税会计”章节的学习时间过长，进度明显滞后，教师可以及时了解情况，分析原因（是该章节内容难度较大，还是学生在学习过程中遇到了其他问题），从而有针对性地调整教学节奏，为这些学生提供额外的学习指导和资源支持。

（2）知识掌握情况分析。这是学情分析模块的核心功能之一。系统利用数据挖掘和机器学习技术，对学生的作业完成情况、考试成绩、在线测试结果等数据进行深入分析。

① 作业分析。系统会自动识别学生作业中的错题类型和知识点分布，通过与预设的税务知识图谱的关联，确定学生在哪些税务知识领域存在薄弱环节。例如，对于一道关于企业所得税计算的作业题，系统可以分析学生在收入确认、扣除项目计算、税率选择等方面的错误情况，判断学生对企业所得税相关知识的掌握程度。

② 考试成绩分析。系统不仅关注学生的总分，还会对各知识点的得分情况进行详细分析，了解学生在不同知识点上的表现。通过聚类分析等方法，系统可以将学生按照知识掌握水平进行分类，为教师提供不同层次学生的知识掌握特征，便于教师制定差异化的教学策略。

2）学习预警模块

学习预警模块在高职税务教育智能学习分析系统中起着至关重要的作用，它能够及时发现学生在学习过程中出现的问题，并发出预警信号，帮助学生及时调整学习策略，避免学习问题的积累和恶化。

该模块主要从学习行为和学习效果两个关键维度进行预警监测。

（1）学习行为监测。系统持续关注学生的学习活跃度、参与度等指标。通过学习平台数据采集，系统可以获取学生的登录频率，若发现某学生连续多日未登录学习平台，系统会将其标记为学习活跃度异常。对于在线讨论的参与情况，系统会统计学生发言的次数、质量以及回复他人的频率等。如果一个学生在多次课程讨论中都未参与发言，或者只是简单回复而缺乏实质性内容，系统会判断该学生在学习参与度方面存在问题。在实训系统中，系统会监测学生的操作次数、操作时间以及操作的准确性等行为数据。若学生在税务申报实训中长时间未进行操作，或者频繁出现错误操作且不进行修正，系统就会发出预警。

（2）学习效果监测。系统会根据学生的考试成绩、作业成绩以及在线测试成绩等数据进行分析。设定成绩预警阈值是关键环节，系统会结合教学目标、课程难度以及过往学生的成绩分布情况，为不同课程和学习阶段设定合理的成绩预警阈值。例如，对于税务筹划课程的期末考试，系统根据以往该课程的平均成绩和及格率，设定预警阈值为60分。当学生的考试成绩低于这个阈值时，系统会发出成绩预警。系统还会分析学生成绩的波动情况，如果某学生在一段时间内成绩波动较大（如上次考试成绩为80分，本次考试成绩却降至50分），系统会对这种异常波动进行预警，提醒教师和学生关注成绩变化背后的原因（是学习态度问题、知识掌握不扎实，还是考试难度差异等因素）。

一旦学习预警模块检测到学生存在学习问题，便会及时向学生和教师推送预警信息。预警信息的形式多样，包括系统内的消息通知、短信提醒等。对于学生，预警信息不仅告知他们存在的学习问题，还会提供相应的改进建议（如针对学习活跃度低的学生，建议他们合理安排学习时间，增加学习投入；针对成绩不佳的学生，建议他们复习相关知识点，多做练习题，寻求教师或同学的帮助）。对于教师，预警信息会详细呈现学生的问题表现和数据依据，方便教师了解学生的具体情况，与学生进行沟通交流，共同制定解决方案，帮助学生调整学习策略，提高学习效果。

3）学习推荐模块

学习推荐模块是智能学习分析系统为满足学生个性化学习需求而设计的重要功能模块，它依据学生的学习情况，为学生精准推荐个性化的学习资源和学习路径，引导学生进行高效自主学习。

（1）学习资源推荐。系统会综合考虑学生的学习进度、知识掌握情况、学习偏好等多方面因素。根据学情分析模块的结果，当系统发现学生在增值税知识模块存在薄弱环节时，会从海量的学习资源库中筛选出与增值税相关的优质学习资源进行推荐。这些资源包括：详细讲解增值税原理和计算方法的教学视频（如由税务专家录制的增值税专题讲座视频，通过实际案例深入浅出地讲解增值税的计算和应用）、涵盖各种题型的增值税练习题及解析、最新的增值税政策解读文档等。系统还会根据学生的学习偏好，推荐不同形式的学习资源。如果学生偏好视频学习，系统会优先推荐相关的教学视频；若学生喜欢阅读文档，系统会推送详细的文字资料。

（2）学习路径推荐。根据学生的学习特点和目标，为学生规划个性化的学习路线。对于基础较为薄弱的学生，系统会推荐从基础知识的学习开始，逐步深入的学习路径。先推荐税务基础课程的学习资料，帮助学生打牢基础，再循序渐进地引导学生学习税务实务课程，通过实际案例分析和操作练习，提升学生的实践能力。对于学习能力较强、希望拓展知识面的学生，系统会推荐一些前沿的税务研究成果、行业动态分析以及具有挑战性的项目实践，以激发学生的学习兴趣和创新思维。在学习过程中，系统会实时跟踪学生的学习进度和学习效果，根据学生的实际情况动态调整学习路径。当学生在某个学习阶段表现出色，提前掌握相关知识时，系统会加快学习路径的推进速度，为学生推荐更高级的学习内容；若学生在学习过程中遇到困难，学习进度受阻，系统会适当放缓学习速度，为学生提供更多的复习资料和辅导资源，帮助学生克服困难。

通过学习推荐模块的个性化推荐，学生能够更有针对性地获取所需知识，提高学习效率，提升学习效果，满足自身的学习需求。

3. 智能学习分析系统的应用实践

1）系统应用流程

（1）教师端。教师登录智能学习分析系统后，首先可以查看学情分析报告。系统根据学生在学习平台、实训系统和考试系统等产生的数据，自动生成详细的学情分析报告。报告中包含学生的整体学习进度（如已完成课程的比例、各课程的学习时长分布等），还展示了学生对各个税务知识点的掌握情况，通过数据分析呈现出学生普遍存在的知识薄弱点（如增值税计算、企业所得税申报等方面的问题）。教师根据学情分析报告调整教学策略。对于学生掌握较差的知识点，教师可以在课堂上进行重点讲解，补充相关的案例和练习题，加深学生的理解。针对增值税计算的薄弱点，教师可以引入更多实际企业的增值税计算案例，详细讲解计算过程和易错点。教师还可以利用系统的学习预警功能，及时关注学习异常的学生。当系统发出预警信息，提示某些学生学习活跃度低、成绩下滑明显时，教师应主动与这些学生沟通，了解原因。对于学习积极性不高的学生，教师可给予鼓励和引导，帮助他们树立正确的学习态度；对于因知识掌握困难导致成绩下滑的学生，教师可提供个性化的辅导，制定针对性的学习计划（如安排额外的学习时间，推荐相关的学习资料等）。

（2）学生端。学生登录系统后，系统会根据学生的学习情况为其推送个性化的学习资源和学习路径。如果系统分析发现学生在税务筹划课程中的学习进度较慢，且对税收优惠政策的应用掌握不足，系统会为学生推荐相关的税收优惠政策解读视频、实际案例分析文档以及针对性的练习题。学生按照系统推荐的学习资源和路径进行学习，在学习过程中，系统会实时记录学生的学习行为数据（如学习时间、答题情况等），并根据这些数据及时调整学习推荐内容。如果学生在做练习题时频繁出错，系统会再次推送相关知识点的讲解资料，帮助学生巩固知识。学生还可以通过系统与教师和同学进行互动交流，在讨论区提出学习中遇到的问题，分享学习心得和体会，共同提高学习效果。

2）应用效果评估

为了评估智能学习分析系统的应用效果，我们选取了某高职院校税务专业的两个平行班级进行对比实验。其中一个班级作为实验组，应用智能学习分析系统进行教学；另一个班级作为对照组，采用传统教学方式。在实验周期内，对两个班级学生的学习成绩、学习满意度等指标进行数据收集和分析。

（1）学习成绩。从期末考试结果来看，实验组学生在期末考试中的平均成绩明显高于对照组。例如，实验组学生的平均成绩为80分，而对照组学生的平均成绩为72分。对各知识点的得分情况进行分析发现，实验组学生在综合应用题上的得分优势更为突出。在一道关于税务筹划方案设计的主观题中，实验组学生的平均得分率更高（如65%），而对照组学生的平均得分率相对较低（如50%）。这表明智能学习分析系统能够帮助学生更好地掌握税务知识，提高解决实际问题的能力，从而在考试中取得更好的成绩。

（2）学习满意度。通过问卷调查的方式收集学生的反馈。结果显示，实验组学生对学习的满意度达到85%，而对照组学生的满意度为70%。实验组学生普遍认为智能学习分析系统提供的个性化学习资源和学习路径对他们的学习有很大帮助，能够满足他们的学习需求，提高学习效率。许多学生表示，系统推荐的学习资料针对性强，能够帮助他们快速解决学习中遇到的问题；学习预警功能也让他们及时了解自己的学习状态，调整学习策略，增强了学习的主动性和自信心。

（3）教师教学效果。使用智能学习分析系统的教师能够更精准地把握学生的学习情况，教学针对性更强。教师根据学情分析报告和学习预警信息，及时调整教学内容和方法，提高了课堂教学的效率和质量。教师在课堂上能够更有针对性地讲解学生的知识薄弱点，增加了课堂互动和讨论环节，激发了学生的学习兴趣和积极性，教学效果得到了显著提升。

3）经验总结与推广建议

在应用智能学习分析系统的过程中，总结了以下经验。系统的有效应用离不开高质量的数据支持，因此要注重数据的采集和管理，确保数据的准确性、完整性和及时性。建立完善的数据采集机制，定期对学习平台、实训系统等数据进行更新和维护，避免数据缺失或错误对分析结果的影响。教师和学生对系统的接受程度和使用能力也至关重要，要加强对教师和学生的培训，让他们熟悉系统的功能和操作流程，提高系统的使用效率。组织专门的培训课程，向教师和学生详细介绍智能学习分析系统的各项功能和使用方法，解答他们在使用过程中遇到的问题。

为推广智能学习分析系统，提出以下建议。学校应加大对智能学习分析系统的投入，购买先进的硬件设备和软件系统，为系统的运行提供良好的技术支持。与科技企业合作，共同开发和优化智能学习分析系统，使其更符合高职税务教育的教学需求。建立完善的激励机制，鼓励教师积极使用智能学习分析系统进行教学。对在教学中有效应用系统，提高教学质量的教师给予表彰和奖励，如评选优秀教学案例、提供教学成果奖励等，以激发教师的积极性和创造性。还可以组织校际交流活动，分享智能学习分析系统的应用经验和成果，促进各高职院校之间的合作与交流，共同推动高职税务教育的数字化转型和发展。

5.1.6 教育新基建赋能高职税务智慧课程的实施策略

1. 加强基础设施建设

1）完善校园网络设施

推进5G网络在校园的全面覆盖，是支撑高职税务智慧课程教学、提升教育质量的关键基础。5G网络所具备的高速率、低时延和大连接特性，为教育教学创新提供了强大支撑。学校应积极与通信运营商合作，加快5G基站的建设与部署，确保校园内主要区域，包括教学楼、实训基地、图书馆、学生宿舍等，都能实现5G信号的稳定覆盖。在教学楼中，师生可以通过5G网络高速访问各类在线教育资源，如高清税务教学视频、实时更新的税收政策文档等，有效避免网络卡顿，提升教与学的效率。在实训基地，5G网络能够为5G+XR技术的应用提供稳定支撑，确保虚拟办税大厅、税务稽查模拟等实训场景的流畅运行，为学生创造沉浸式的实训体验。

同时，必须持续升级校园有线网络，提升网络带宽，以应对日益增长的教学数据传输需求。随着教育新基建的深入，教学资源的数字化程度不断提高，在线教学、虚拟实训、智能学习分析等教学活动均产生大量数据。学校应加大对有线网络基础设施的投入，采用先进的网络设备和技术（如万兆以太网），提升校园有线网络的带宽和性能。将校园有线网络带宽提升至万兆级别，能够确保多个学生同时在线学习、进行大数据量的税务实训操作时，网络保持稳定，避免数据传输延迟或中断。此外，还应优化网络架构，提高网络的可靠性和安全性，采用冗余链路、负载均衡等技术，确保网络在高负载情况下稳定运行，防止因网络故障影响教学活动的正常开展。

2）配备先进的教学设备

配备先进的教学设备是实现高职智慧税务课程目标的重要物质基础。XR（扩展现实）设备在税务实训教学中具有独特价值。学校应根据教学需求，购置足够数量的VR（虚拟现实）头戴式显示设备、AR（增强现实）智能眼镜等XR设备。在税务实训课程中，学生佩戴VR设备，可身临其境地进入虚拟办税大厅，模拟纳税人进行税务申报、税款缴纳等业务操作，获得高度仿真的实训体验，显著提升实训效果。AR智能眼镜则可在实际教学场景中，为学生提供实时的税务知识提示和操作指导，增强学习的直观性和互动性。

智能终端设备同样是智慧教学不可或缺的工具。学校应为教师和学生配备平板电脑、智能一体机等智能终端设备，支持其随时随地进行学习和教学活动。教师可利用平板电脑在课堂上展示税务案例、进行操作演示，与学生进行互动交流；学生则可利用平板电脑进行在线学习、完成作业、参与讨论等。智能一体机可安装各类税务教学软件和智能学习分析系统，为学生提供便捷的学习入口。学生可在一体机上学习税务知识、进行模拟考试、开展实训操作，系统会根据其学习情况提供个性化的学习建议和反馈。通过配备先进的教学设备，为高职智慧税务课程的顺利开展提供坚实的硬件保障，有效提升教学质量和效果。

2. 提升教师信息化素养

1）开展教师培训与进修

为提升教师在教育新基建背景下的信息化素养，应积极组织教师参加相关培训与进修活动。

定期组织教师参加5G+XR技术培训，是提升教师技术应用能力的核心环节。培训内容应涵盖5G技术的原理、特点及其在教育领域的应用场景，使教师深入理解5G网络的高速率、低时延和大连接特性如何赋能教学变革。同时，需详细介绍XR技术（包括VR、AR、MR）的原理、应用方式及基础开发工具。宜采用理论讲解与实际操作相结合的方式，让教师掌握利用5G+XR技术设计、开发教学资源的方法。可邀请专业技术人员指导教师学习如何使用VR设备创建虚拟税务实训场景，如何运用AR技术将税务知识与现实场景结合进行教学展示等。教师掌握这些技术后，能在教学中为学生提供更生动、直观的学习体验，有效激发学习兴趣和参与度。

智能学习分析系统的培训同样不可或缺。培训应聚焦系统的功能、操作方法及数据分析解读。需向教师详细介绍学情分析模块，使其学会通过系统查看学生的学习进度、知识掌握情况及学习行为数据，从而精准把握学情。讲解学习预警模块的设置与应用，使教师能根据系统发出的预警，及时发现学生学习中的困难并介入指导。教师还应学习如何利用学习推荐模块，依据学生个体情况推荐个性化学习资源与路径，实现因材施教。通过这些培训，教师能更有效地利用智能学习分析系统辅助教学，提升教学针对性和效率。

鼓励教师参加相关领域的学术研讨会和进修课程，有助于拓宽其视野，使其及时了解行业最新动态和前沿技术。在学术研讨会上，教师可与同行专家交流经验，分享教学实践成果与困惑，借鉴先进做法。参加进修课程能让教师系统深入学习相关领域的知识与技能，提升专业素养。例如，参加关于人工智能在教育领域应用的进修课程，学习开发智能教学辅助工具、利用AI算法优化教学评价等。这些学习和交流活动将为教师的教学创新提供灵感，促进其专业成长。

2）建立教师激励机制

建立完善的教师激励机制，对于激发教师参与信息化教学的积极性和主动性至关重要。

设立专项奖励是激励教师的有效手段。学校可设立“信息化教学创新奖”等，对在5G+XR技术应用、智能学习分析系统使用等方面表现突出的教师给予表彰和奖励。例如，对积极利用5G+XR技术开发新颖税务实训教学资源（如创建逼真的虚拟税务稽查场景）且显著提升学生实训效果的教师，给予奖金奖励，并在职称评定、评优评先等方面予以适当倾斜。对能熟练运用智能学习分析系统，依据学情数据制定个性化教学策略，有效提升学生学习效果和兴趣的教师，也应给予相应认可和奖励。通过这些措施，可激发教师探索和应用新技术的热情，鼓励其持续创新教学方法和手段。

在职称评定和评优评先工作中，应适当加大教师信息化教学能力和成果的考核权重，以此引导教师更加重视信息化教学。在职称评审标准中，可明确规定教师在信息化教学方面的成果要求，如发表相关论文、参与信息化教学项目研究、获得信息化教学比赛奖项等。在评优评先活动中，可优先考虑在信息化教学中取得突出成绩的教师。通过这些政策导向，促使教师主动提升信息化素养，积极将新技术融入教学实践，推动高职税务教育信息化改革的深入发展。

3. 优化课程内容与教学方法

1）融入新技术元素的课程内容设计

将5G+XR、智能学习分析等新技术融入税务课程内容，是适应教育新基建发展趋势、提升高职税务教育质量的关键路径。在税收政策课程中，可借助5G网络的高速传输能力，实现税收政策内容的实时更新，确保学生及时了解最新法规。结合XR技术，以虚拟场景演示的方式解读税收政策的实际应用案例。例如，在讲解小微企业税收优惠政策时，可通过AR技术直观展示企业享受政策前后的财务数据变化，帮助学生深入理解政策影响。利用智能学习分析系统，根据学生对税收政策的学习情况和掌握程度，精准推送个性化学习资料和案例分析，深化学生对政策内涵的理解。

在税务实务课程中，可引入5G+XR技术构建高度仿真的虚拟实训场景，让学生在虚拟环境中进行税务申报、税务稽查等实操训练。在虚拟办税大厅中，学生可模拟纳税人完成各类税务申报业务，通过与虚拟税务工作人员的交互，熟悉申报流程和注意事项。在税务稽查模拟场景中，学生利用 XR 设备，身临其境地对虚拟企业进行税务稽查，查阅财务资料，识别税务问题，显著提升实践操作能力。智能学习分析系统可对学生在税务实务操作中的数据（如操作步骤、错误类型、用时等）进行分析，为学生提供有针对性的反馈和建议，帮助其改进操作方法，提高操作准确性。

在税务信息化课程中，教师应将 5G、大数据、人工智能等新技术与税务信息化工具的应用相结合，培养学生利用新技术进行税务信息化管理的能力。可介绍如何利用 5G 网络实现税务数据的快速传输与实时共享，如何运用大数据分析技术进行税务风险预警和税务筹划。通过实际案例，讲解人工智能技术在税务智能客服、智能审核等方面的应用。智能学习分析系统可跟踪学生在税务信息化课程中的学习进度和效果，为学生推荐相关的技术应用案例和实践项目，促进其对知识的掌握和应用。

2）基于智慧课程的教学方法创新

采用项目式、探究式等教学方法，是提升高职智慧税务课程教学效果的重要途径。

在项目式教学中，以真实的或高度仿真的税务项目为导向（如企业税务筹划项目、税务风险评估项目等），让学生分组协作完成项目任务。例如，在企业税务筹划项目中，学生需运用所学税务知识，结合企业实际经营情况，制定合理的筹划方案。项目实施过程中，学生可通过 5G 网络收集企业财务数据、税收政策信息，利用 XR 技术构建企业税务运营的虚拟场景进行模拟分析和决策。教师则作为项目指导者，通过智能学习分析系统监控学生项目进展、了解其遇到的问题，并及时给予指导和建议。这种教学方法能有效培养学生的团队协作能力、问题解决能力和创新思维，使学生在实践中深化对税务知识和技能的理解与掌握。

探究式教学则旨在鼓励学生自主发现问题、提出假设、收集资料、验证假设，从而培养其自主学习能力和探究精神。在税务课程教学中，教师可提出具有启发性的问题，如“如何利用税收政策促进企业可持续发展?”“税务稽查中如何有效运用大数据技术?”等，引导学生利用 5G 网络查阅资料，借助智能学习分析系统分析数据，进行深入探究。学生在探究过程中，可通过在线讨论平台与教师、同学交流观点、分享发现。教师则需适时引导思考、帮助学生总结，促进其形成正确认识和结论。通过探究式教学，学生能更主动地参与学习，深化对税务知识的理解与应用，培养创新意识和实践能力。

4. 建立健全保障机制

1）政策支持与保障

政府应加大对高职院校税务教育新基建的政策扶持力度，制定并完善相关政策法规，为教育新基建的实施提供坚实的政策保障。可设立专项教育资金，支持高职院校的 5G 网络建设、教学设备购置、智能学习分析系统开发等教育新基建项目。对积极开展教育新基建的高职院校，可给予税收优惠和财政补贴，减轻学校资金压力，鼓励其加大投入。

学校自身也应制定相应的内部政策，推动教育新基建的落地实施。应建立教育新基建项目管理机制，明确项目规划、实施、监督、评估等环节的责任和流程，确保项目顺利推进。出台激励政策，鼓励教师参与教育新基建相关的教学改革和科研项目，对做出突出贡献的教师给予奖励和表彰。制定教师信息化素养提升计划，并将教师信息化能力提升情况纳入绩效考核体系，促使教师积极适应教育新基建发展需求，提升自身信息化水平。

2）质量监控与评估

建立健全智慧课程质量监控和评估体系，是保障教育新基建赋能高职税务智慧课程实施效果的关键环节。

在质量监控方面，应对智慧课程的教学过程进行全方位、全过程监控。可利用智能学习分析系统，实时收集学生的学习行为数据（如学习时长、进度、参与度等）和教师的教学行为数据（如教学方法运用、资源提供情况等）。基于这些数据，对教学过程进行实时监测和分析，及时发现并干预教学中存在的问题，如学生学习积极性不高、教学内容难度不适等，从而调整和优化教学策略。

在评估方面，应构建多元化的评估指标体系。评估不仅应关注学生的学习成绩，还需全面考察其学习过程、实践能力、创新意识等。宜采用过程性评估与终结性评估相结合的方式。过程性评估可通过观察学生在课堂上的参与度、作业完成质量、小组项目贡献等，及时反馈其学习进展和问题。终结性评估则可通过考试、项目成果展示等方式，评价学生阶段性学习成果。同时，应引入企业和社会的评价，邀请企业税务专家、行业协会等对学生的实践能力和职业素养进行评价，使评估结果更客观、全面地反映学生的综合能力及智慧课程的教学质量。根据评估结果，应及时总结经验教训，持续改进智慧课程的教学内容、方法和资源，不断提升教学质量和人才培养水平。

5.2 未来课程形态预测

随着信息技术的飞速发展，元宇宙、区块链、人工智能等新技术正逐渐融入教育领域，为高职税务教育课程形态的变革带来了新的机遇。元宇宙技术能够构建沉浸式教学环境，让学生身临其境地体验税务工作场景，增强学习的真实感和互动性；区块链技术以其去中心化、不可篡改等特性，为构建更加可信、透明的学分银行体系提供了技术支持，有助于实现学习成果的认证、积累和转换；人工智能助教系统则可以根据学生的学习情况提供个性化的学习建议和辅导，提高教学效率和质量。

5.2.1 元宇宙教育空间的课程设计原则

1. 元宇宙教育的内涵与特征

元宇宙教育是一种将元宇宙技术深度融入教育教学过程的新型教育模式，它构建了一个与现实世界相互映射、高度融合的虚拟教育空间。在这个空间中，学生能够借助虚拟现实（VR）、增强现实（AR）、混合现实（MR）等技术，身临其境地参与学习活动，获得沉浸式的学习体验。元宇宙教育打破了传统教育在时间和空间上的限制，使学生可以随时随地进入虚拟学习环境，与全球各地的教师和同学进行互动交流，实现教育资源的更广泛共享。

元宇宙教育具有诸多显著特征，对教育产生了深远影响。

首先是沉浸式体验。学生通过佩戴VR设备等方式，能够完全沉浸在虚拟的教学场景中，如历史课上可以“穿越”到古代历史事件现场，直观感受历史的发展脉络；科学课上能够深入微观世界或宇宙空间，探索科学奥秘。这种沉浸式体验极大地增强了学习的吸引力和真实感，有助于提高学生的学习兴趣和参与度，使学生更加主动地投入到学习中，从而提高学习效果。

其次是交互性。在元宇宙教育空间中，学生与虚拟环境、教师以及其他学生能够进行实时、自然的交互。学生可以通过手势、语音等方式与虚拟对象互动，如在虚拟实验室中操作实验仪器、与虚拟角色对话等。这种高度的交互性促进学生主动探索和思考，培养其问题解决能力和创新思维。同时，学生之间的协作学习也更加便捷高效，他们可以在虚拟空间中共同完成项目任务、开展小组讨论，从而提高团队协作能力。

最后是开放性。元宇宙教育平台通常对所有学习者开放，理论上不受年龄、地域、身份等限制，任何人都可以根据自己的需求和兴趣选择相应的学习内容和课程。此外，元宇宙教育的学习资源也是开放的，教师和学生可以共同创建、分享和修改学习内容，形成一个不断丰富和更新的学习资源库。这种开放性有助于促进教育的公平性和普及性，使更多的人能够享受到优质的教育资源，推动终身学习理念的实现。

2. 元宇宙教育的理论基础

建构主义理论在元宇宙教育中具有重要的应用价值。建构主义理论强调学习者在学习过程中的主体地位，认为知识不是通过教师简单传授得到的，而是学习者在一定的情境（即社会文化背景下），借助其他人（包括教师和学习伙伴）的帮助，利用必要的学习资料，通过意义建构的方式获得。在元宇宙教育中，学生可以在虚拟的学习情境中，通过与虚拟环境和其他学习者的交互，主动探索和发现知识，构建自己的知识体系。例如，在元宇宙的历史课程中，学生可以扮演历史人物，参与历史事件的模拟，通过亲身体验和思考，深入理解历史事件的背景、过程和影响，从而构建起对历史知识的深刻理解。

情境学习理论也为元宇宙教育提供了重要的理论指导。该理论认为知识是嵌入在特定情境中的，学习应当与真实世界情境相结合。元宇宙教育通过虚拟现实技术为学生提供了丰富的情境体验，使得抽象的知识更加具体和易于理解。例如，在地理课程中，学生可以通过元宇宙技术身临其境地感受不同地区的地理环境、气候特征和人文风情，从而更好地理解地理知识。元宇宙教育还可以根据不同的学科和知识点，创设多样化的情境，满足学生的个性化学习需求，促进学生知识迁移和应用能力的发展。

3. 元宇宙教育空间课程设计原则

1）*沉浸式体验原则*

在元宇宙教育空间中，利用虚拟现实（VR）、增强现实（AR）和混合现实（MR）等技术营造逼真的税务工作场景，是实现沉浸式体验的关键。通过3D建模、实时渲染等技术手段，构建高度还原的税务局办税大厅、企业财务办公室等场景，让学生仿佛置身于真实的工作环境中，增强学习的代入感。在模拟税务局办税大厅场景时，可精确还原大厅的布局、设施以及工作人员的工作流程，学生佩戴VR设备后，能够身临其境地感受到办税大厅的忙碌氛围，与虚拟的税务工作人员进行互动，办理各类税务业务，如纳税申报、发票申领等。这种沉浸式体验能够使学生更加深入地理解税务工作的实际操作流程，提高对税务知识的掌握程度。

为了进一步增强学生的学习代入感，还可以在场景中设置丰富的细节和情节。例如，在企业财务办公室场景中，摆放各类财务报表、文件资料以及办公设备等，让学生能够更加真实地感受到企业财务工作的环境。通过设置一些实际的工作任务和问题，如处理企业的税务筹划、应对税务稽查等，引导学生积极思考和解决问题，使学生在沉浸式体验中不仅能够学习到理论知识，还能够锻炼实际操作能力和解决问题的能力。同时，利用音效、光影等元素，营造出逼真的氛围，如办税大厅中的嘈杂声、打印机的工作声等，让学生的感官得到全方位的刺激，进一步提升沉浸式体验的效果。

2）互动性设计原则

在元宇宙教育空间中，设计丰富多样的互动环节，能够有效促进学生与虚拟环境、教师、同学之间的交流合作，提高学生的学习积极性和参与度。

在学生与虚拟环境的互动方面，应充分利用元宇宙技术的交互特性，为学生提供自然、流畅的交互体验。学生可以通过手势识别、语音控制等方式与虚拟环境中的对象进行互动。在虚拟税务实验室中，学生可以通过手势操作虚拟的税务软件，进行税务数据的录入、计算和分析；通过语音指令查询税收政策法规、获取税务业务办理的指导信息等。这种自然交互方式能够让学生更加便捷地与虚拟环境进行互动，提高学习效率。同时，虚拟环境应具备智能反馈机制，能够根据学生的操作和提问，实时给予准确的反馈和指导。当学生在虚拟税务软件中输入错误的数据时，系统能够及时提示错误信息，并给出正确的操作建议；当学生提问时，系统能够快速检索知识库，提供详细的解答和相关案例分析。

在学生与教师之间的互动方面，元宇宙教育空间中，教师可以以虚拟形象的形式与学生进行实时互动。教师可以随时进入学生的虚拟学习场景，观察学生的学习情况，及时给予指导和帮助。在学生进行税务业务模拟操作时，教师可以针对学生出现的问题进行现场讲解和示范，帮助学生纠正错误，提高操作技能。同时，教师还可以通过元宇宙平台组织课堂讨论、答疑解惑等活动，与学生进行深入的交流和互动。利用平台的屏幕共享功能，教师可以展示税务案例分析、操作演示等内容，引导学生进行思考和讨论；通过在线问答功能，教师可以及时解答学生的疑问，促进学生对知识的理解和掌握。

在促进学生与同学之间的合作学习方面，互动性设计的核心目标之一是培养学生的团队协作能力和沟通能力。在元宇宙教育空间中，可以设计小组合作项目、团队竞赛等活动，让学生在合作中共同完成学习任务。例如，设置一个企业税务筹划项目，将学生分成若干小组，每个小组负责为一家虚拟企业制定税务筹划方案。小组成员需要在元宇宙中共同讨论、分析企业的财务状况和税务需求，收集相关的税收政策信息，制定出合理的税务筹划方案。在项目实施过程中，学生需要分工合作，相互交流和协调，共同解决遇到的问题。通过这种方式，不仅能够提高学生的学习效果，还能够培养学生的团队合作精神和沟通能力，为学生今后的职业发展打下坚实的基础。教师在小组项目中应扮演指导者和监督者的角色，为学生提供必要的指导和支持，引导学生积极思考和探索，同时监督项目的进展情况，确保项目能够顺利完成。此外，还可以组织小组之间的交流和分享活动，让学生相互学习和借鉴，拓宽思路，提高创新能力。

3）跨学科整合原则

在元宇宙环境中，实现税务课程与金融、法律等学科的融合具有重要意义，能够培养学生的综合素养和解决复杂问题的能力。

税务与金融学科紧密相关。在元宇宙中，可以设计融合税务与金融知识的实践场景。例如，在企业融资决策场景中，学生需要考虑不同融资方式（如股权融资、债权融资）对企业税务负担的影响，同时分析融资成本、风险等金融因素。通过模拟企业的融资过程，学生可以深入理解税务与金融之间的相互关系，学会运用金融工具进行税务筹划。例如，在债权融资中，利息支出可以在企业所得税前扣除，从而降低企业的应纳税所得额；而股权融资则不存在利息支出的扣除问题，但可能会涉及股息分配的税务处理。学生在这样的场景中，需要综合考虑税务和金融因素，做出最优的融资决策。

税务与法律的关系也十分密切，税收法规是法律体系的重要组成部分。在元宇宙教育空间中，可以构建法律纠纷解决场景，让学生在处理税务相关的法律问题时运用法律知识进行分析和解决。例如，当企业面临税务稽查时，学生需要了解税收征收管理法、行政诉讼法等相关法律法规，帮助企业应对税务稽查，维护企业的合法权益。学生需要分析税务稽查的程序是否合法，企业的税务处理是否符合法律法规的规定，如果存在争议，应如何通过法律途径解决。通过这样的场景模拟，学生可以加深对税收法律法规的理解，增强法律意识和依法纳税的观念。

跨学科整合还可以体现在课程内容的设计上。在税务课程中，可以融入金融、法律等学科的相关知识，使学生能够从多个角度理解和解决税务问题。例如，在讲解企业所得税时，可以引入财务管理中的成本核算、利润计算等知识，帮助学生更好地理解企业所得税的计算原理；同时，介绍税收法律法规中关于企业所得税的优惠政策、纳税申报期限等规定，使学生了解税务与法律的紧密联系。此外，还可以邀请金融、法律专业的教师参与税务课程的教学，通过跨学科的教学团队，为学生提供更加全面和深入的知识讲解和指导。

4. 课程内容与教学活动设计

在元宇宙环境里，高职税务课程内容可进行全面重构，以虚拟场景、任务等形式呈现税务知识，使学习内容更加生动实用，契合学生的学习需求和职业发展方向。例如，在“增值税”课程中，可构建一个虚拟的商贸企业场景，让学生扮演企业的财务人员，负责处理企业增值税相关业务。从采购原材料时取得增值税专用发票的认证抵扣，到销售商品时开具增值税发票、计算销项税额，再到月末进行增值税的纳税申报，学生在这个虚拟场景中完成一系列真实的业务操作，从而深入理解增值税的计算原理和申报流程。通过这种方式，学生不仅能够掌握理论知识，还能够将其应用到实际业务中，从而提高解决实际问题的能力。

在企业所得税课程中，设计一个企业年度汇算清缴的虚拟任务，让学生在元宇宙中收集企业的财务数据，进行纳税调整，计算应纳税所得额和应纳税额，并完成企业所得税年度纳税申报表的填写任务。在任务执行过程中，学生需要考虑各种税收优惠政策的适用条件，如研发费用加计扣除、小型微利企业税收优惠等，通过实际操作，加深对企业所得税政策的理解和运用。同时，设置一些特殊业务场景，如企业的资产重组、债务重组等，让学生分析这些业务对企业所得税的影响，进一步拓展学生的知识面和思维能力。这种基于任务的教学方式能够激发学生的学习兴趣和主动性，使学生在解决实际问题的过程中更好地掌握企业所得税的相关知识和技能。

在元宇宙中开展虚拟税务实习，能够为学生提供高度仿真的实践环境，有效提升学生的实践能力。利用元宇宙技术构建虚拟税务局和企业财务部门，学生可以在其中扮演税务专员、企业会计等角色，进行各类税务业务的操作。学生在虚拟税务局中为企业办理纳税申报、税务稽查等业务，在企业财务部门中进行税务筹划、发票管理等工作。通过与虚拟角色的互动和实际业务的操作，学生能够深入了解税务工作的流程和细节，提高实际操作能力。为了确保实习效果，应制订详细的实习计划和考核标准，明确学生在实习过程中的任务和目标，定期对学生的实习表现进行评估和反馈，帮助学生不断改进和提高。

组织小组项目是培养学生协作能力和创新思维的有效方式。在元宇宙中布置企业税务筹划项目，将学生分成若干小组，每个小组负责为一家虚拟企业制定税务筹划方案。小组成员需要在元宇宙中共同讨论、分析企业的财务状况和税务需求，收集相关的税收政策信息，制定出合理的税务筹划方案。在项目实施过程中，学生需要分工合作，相互交流和协调，共同解决遇到的问题。通过这种方式，不仅能够提高学生的学习效果，还能够培养学生的团队合作精神和沟通能力，为学生今后的职业发展打下坚实的基础。教师在小组项目中应扮演指导者和监督者的角色，为学生提供必要的指导和支持，引导学生积极思考和探索，同时监督项目的进展情况，确保项目能够顺利完成。此外，还可以组织小组之间的交流和分享活动，让学生相互学习和借鉴，拓宽思路，提高创新能力。

5. 教学评价与反馈机制

在元宇宙教育空间下，高职税务课程的教学评价应打破传统单一的评价模式，构建多元化的评价指标体系，全面、客观地评估学生的学习成果和能力发展水平。

在知识掌握维度，不仅要考查学生对税务理论知识的记忆和理解，更要注重其对知识的应用能力。除了传统的考试形式外，还可增加案例分析、知识问答竞赛等考核方式。通过实际税务案例分析，要求学生运用所学知识解决实际问题，评估其对税收政策法规的理解和运用能力；知识问答竞赛则可激发学生的学习积极性，考查学生对知识的熟悉程度和快速反应能力。

在实践能力维度，这是评价的重点之一。在元宇宙的虚拟税务实习和项目实践中，观察学生的实际操作表现，包括税务业务流程的熟练程度、税务软件的操作技能、问题解决能力等。可制定详细的实践操作评价标准，对学生的每个操作环节进行量化评分，如在增值税发票开具的实践操作中，对学生的发票信息录入的准确性、开具流程的规范性等方面进行评分。同时，评价学生在实践中运用所学知识解决实际问题的能力，如在处理企业税务筹划问题时，考查学生能否综合考虑企业的实际情况和税收政策，提出合理的筹划方案。

在协作能力维度，协作能力在现代职业发展中至关重要。在小组项目和团队活动中，评价学生的团队协作能力，包括团队沟通、分工合作、冲突解决等方面。可以通过小组互评、教师评价和个人自评相结合的方式，全面评估学生的协作能力。小组互评让学生从同伴的角度评价彼此的贡献和表现，教师评价则从专业角度给予客观的反馈，个人自评则有助于学生自我反思和成长。

元宇宙技术为教学过程的实时反馈提供了有力支持。通过元宇宙平台的数据分析功能，能够实时收集学生在学习过程中的各种数据，如学习时间、操作步骤、问题回答情况等。教师可以根据这些数据，及时了解学生的学习进度和学习状态，发现学生存在的问题和困难。在学生进行虚拟税务实习时，系统可以实时记录学生的操作数据，当发现学生在某个税务业务操作环节频繁出现错误时，教师可以立即给予指导和纠正，帮助学生及时解决问题，避免问题的积累。同时，学生也可以通过平台实时查看自己的学习数据和评价结果，了解自己的学习情况，调整学习策略。

基于实时反馈的数据，教师能够及时调整教学策略，实现教学的动态优化。如果发现大部分学生在某个知识点的理解上存在困难，教师可以在元宇宙中重新讲解该知识点，通过增加案例、演示操作等方式，帮助学生加深理解。还可以根据学生的学习进度和能力水平，为学生提供个性化的学习资源和任务。对于学习进度较快的学生，可以提供一些拓展性的学习资料，如税务领域的前沿研究成果、复杂案例分析等，满足其学习需求；对于学习困难的学生，则可以提供更多的基础知识讲解和练习题目，帮助其巩固知识，跟上教学进度。这种动态调整策略，能够使教学更加贴合学生的实际需求，从而提高教学效果。

5.2.2 区块链技术支持的学分银行体系

1. 区块链技术核心原理

区块链技术是一种去中心化的分布式账本技术，其核心原理基于去中心化、不可篡改、分布式存储和共识机制等关键要素。这些要素相互协作，构建了一个安全、透明、可信的数据管理和交互环境。

去中心化是区块链技术的重要特征之一。在传统的中心化系统中，数据的存储和管理依赖于一个或多个中心机构，如银行、政府部门等。这些中心机构掌握着数据的控制权，负责数据的存储、验证和更新。然而，这种中心化模式存在单点故障风险，一旦中心机构出现问题，整个系统可能会瘫痪。此外，中心化系统还可能存在数据篡改、信息泄露等安全隐患。区块链技术则打破了这种中心化模式，它通过分布式网络中的多个节点共同维护账本，每个节点都保存着完整的账本副本，不存在单一的中心控制节点。这意味着任何一个节点的故障都不会影响整个系统的运行，从而提高了系统的可靠性和稳定性。同时，由于没有中心机构的干预，数据的真实性和可靠性由网络中的所有节点共同验证和维护，降低了数据被篡改的风险。

区块链技术的数据不可篡改特性为数据的真实性和可靠性提供了坚实保障。区块链中的数据以区块的形式存储，每个区块都包含了前一个区块的哈希值、时间戳、交易数据等信息。哈希值是一种通过特定算法对数据进行加密生成的唯一标识，具有唯一性和不可逆性。一旦数据被写入区块，其哈希值就会被计算并记录在区块中。如果有人试图篡改区块中的数据，那么该区块的哈希值也会随之改变。区块链中的其他节点会通过验证哈希值来发现这种篡改行为。由于区块链中的区块是按照时间顺序依次链接的，篡改一个区块的数据需要同时篡改后续所有区块的数据，这在实际操作中几乎是不可能的，因为区块链网络中的节点众多，篡改行为会被其他节点迅速发现并拒绝。因此，区块链技术的不可篡改特性使得数据一旦被记录，就无法被轻易篡改，保证了数据的真实性和可信度。这在教育领域的学生成绩记录、学历证书认证等方面具有重要的应用价值。

分布式存储是区块链技术的另一个核心原理。在区块链网络中，数据不是存储在单一的服务器上，而是分布存储在各个节点中。每个节点都保存着完整的账本数据，这使得数据具有高度的冗余性和可靠性。即使部分节点出现故障或被攻击，其他节点仍然可以提供数据服务，确保系统的正常运行。分布式存储还提高了数据的可用性和可访问性，用户可以从任何一个节点获取数据，而不需要依赖特定的服务器。同时，分布式存储也有助于保护用户的隐私，因为数据分散在多个节点中，单个节点无法获取用户的全部数据，从而降低了数据泄露的风险。

共识机制是区块链技术实现节点之间数据一致性和信任的关键。在区块链网络中，由于存在多个节点，需要一种机制来确保所有节点对账本数据的一致性和正确性达成共识。常见的共识机制有工作量证明（PoW）、权益证明（PoS）、委托权益证明（DPoS）等。工作量证明是最早被应用于比特币区块链的共识机制，它要求节点通过进行复杂的数学运算来竞争记账权，只有成功完成运算的节点才能将新区块添加到区块链中，并获得相应的奖励。这种机制通过消耗计算资源来保证区块链的安全性，但也存在能源消耗大、交易处理速度慢等问题。权益证明则根据节点持有的数字货币数量和时间（即“质押”）来分配记账权，持有权益越多的节点获得记账权的概率越大。这种机制相对节能，交易处理速度也较快，但可能存在权益集中的问题。委托权益证明是一种基于选举的共识机制，节点通过投票选举出一定数量的代表节点，由这些代表节点负责记账和验证交易。这种机制提高了交易处理效率，降低了能源消耗，但选举过程可能存在被操纵的风险。不同的共识机制适用于不同的应用场景，开发者可以根据具体需求选择合适的共识机制来构建区块链系统。

2. 区块链在教育领域的应用价值

区块链技术在教育领域展现出了巨大的应用价值，为教育的发展带来了诸多创新和变革，有助于解决教育领域长期存在的问题，提升教育的质量和效率，促进教育公平和终身学习体系的构建。

在学习成果认证方面，区块链技术具有显著优势。传统的学习成果认证方式往往依赖于学校或教育机构的公信力，证书和成绩单等学习成果证明容易被伪造或篡改，导致认证的可信度受到质疑。区块链技术的不可篡改性和去中心化特性，使得学习成果可以被安全、可靠地记录在区块链上。学生的学习过程、考试成绩、获得的证书等信息都可以以加密的形式存储在区块链中，形成不可篡改的数字记录。这些记录可以被全球范围内的教育机构、雇主等验证，无须依赖第三方认证机构。例如，学生在完成一门课程的学习后，其学习成绩和课程证书可以直接记录在区块链上。当学生需要向其他教育机构申请升学或向雇主展示自己的学习成果时，对方可以通过区块链浏览器直接查询和验证这些信息的真实性，大大提高了学习成果认证的效率和可信度。同时，区块链技术还可以实现学习成果的跨机构、跨地区互认，打破了传统教育中学习成果认证的地域和机构限制，为学生的学习和职业发展提供了更大的便利。

学分管理是教育领域的重要环节，区块链技术为学分管理带来了新的解决方案。在传统的学分管理模式下，不同学校之间的学分转换和互认存在诸多困难，因为各学校的学分体系和评价标准不同，缺乏统一的认证机制。这使得学生在转学、升学或参加继续教育时，学分的转移和认可成为一个难题。区块链技术可以建立一个统一的学分银行体系，将学生在不同学校、不同课程中获得的学分记录在区块链上。通过智能合约技术，可以制定学分转换和互认的规则，实现学分的自动验证和转换。例如，当学生从一所学校转学到另一所学校时，接收学校可以通过区块链查询学生的学分记录，并根据预先设定的智能合约规则，自动完成学分的认可和转换，无须人工干预，大大简化了学分管理的流程，提高了学分的流动性和通用性。此外，区块链技术还可以实时记录学生的学习进度和学分积累情况，学生和教师可以随时查看和跟踪，方便进行学习规划和教学管理。

教育资源共享是推动教育公平和提高教育质量的重要手段，区块链技术为教育资源共享提供了更高效、更安全的平台。传统的教育资源共享往往受到地域、机构和版权等因素的限制，优质教育资源难以广泛传播和共享。区块链技术的去中心化和分布式存储特性，使得教育资源可以被存储在区块链网络中的各个节点上，任何人都可以通过授权访问这些资源，打破了地域和机构的限制。同时，区块链技术的加密和智能合约功能可以保护教育资源的版权，确保资源提供者的权益。例如，教师可以将自己制作的教学课件、课程视频等资源上传到区块链平台上，并通过智能合约设置资源的使用权限和收费标准。其他教师和学生在使用这些资源时，需要按照智能合约的规定进行付费或获得授权，这样既保护了资源提供者的利益，又促进了教育资源的共享和流通。此外，区块链技术还可以实现教育资源的个性化推荐，根据学生的学习需求和兴趣，为其推荐合适的教育资源，从而提高资源的利用效率。

3. 学分银行体系的理论基础与实践需求

1）学分银行的概念与功能

学分银行是一种借鉴银行运行机制，以学分为计量单位，对学习者的各类学习成果进行认证、积累与转换的教育管理制度和学习激励制度。它打破了传统教育在时间和空间上的限制，为学习者提供了更加灵活和多样化的学习路径。学分银行以信息化技术为支撑，构建了一个开放的学习成果管理平台，学习者在不同教育阶段、不同学习方式下所取得的学习成果，如课程学习、培训经历、职业资格证书获取等，都可以在这个平台上进行记录和管理。

学分银行具备多项重要功能，其中学分存储是基础功能之一。学习者在学习过程中所获得的学分，无论是通过正规学历教育课程学习获得的学分，还是参加非学历培训、职业技能鉴定等活动获得的学习成果转化而来的学分，都能够被准确、安全地存储在学分银行中。这些学分记录了学习者的学习历程和知识技能积累情况，为后续的学分转换和学历认证等提供了依据。例如，一名高职税务专业的学生在完成校内的税务课程学习后获得相应学分，同时参加了校外的税务师培训课程并取得合格成绩，通过学分银行的认定，该培训课程的学习成果也可以转换为相应学分并存储在学分银行中。

学分转换是学分银行的核心功能之一，它实现了不同类型学习成果之间的等价兑换。在高职税务教育中，学生可能在不同的教育机构、不同的学习项目中积累了各种学习成果，学分银行通过制定科学合理的学分转换规则，能够将这些不同来源、不同形式的学习成果进行量化和转换，使学生的学习成果得到更广泛的认可和应用。例如，学生在企业实习中获得的实践经验和技能，可以通过学分银行转换为相应的课程学分；学生参加的在线税务课程学习所获得的学分，也可以在满足一定条件的情况下，转换为学校正规课程的学分。这样，学生在学习过程中可以更加灵活地选择学习方式和学习资源，充分利用自己已有的学习成果，避免重复学习，提高学习效率。

学分认证是学分银行确保学习成果真实性和有效性的关键环节。学分银行对学习者提交的各类学习成果进行严格的审核和认证，只有经过认证的学习成果才能被纳入学分银行进行存储和管理。在认证过程中，学分银行会依据一定的标准和规范，对学习成果的来源、内容、质量等进行评估，确保其符合相应的教育要求和行业标准。对于学生提交的职业资格证书，学分银行会核实证书的颁发机构、证书的等级和有效期等信息，确认证书的真实性和有效性后，才会将其对应的学分进行认定和存储。通过严谨的学分认证机制，学分银行保证了学分的可信度和权威性，为学分的转换和应用提供了可靠的保障，也为学习者的升学、就业等提供了具有公信力的学习成果证明。

2）高职税务教育中学分银行的实践需求

在高职税务教育中，构建学分银行具有重要的实践需求，对于学生的灵活学习和终身学习具有不可忽视的重要性。

高职学生的学习需求呈现出多样化的特点，学分银行能够满足他们的个性化学习需求。不同学生的学习基础、学习能力和学习兴趣存在差异，有些学生可能在入学前已经通过自学或培训掌握了一定的税务知识和技能，希望能够将这些学习成果转化为学分，免修相应的课程；有些学生则可能在学习过程中对某个税务领域的知识特别感兴趣，希望能够通过参加更多的相关培训和实践活动，获取更多的学分，拓宽自己的知识面和技能领域。学分银行的建立，使得学生可以根据自己的实际情况，将不同途径获得的学习成果进行认证和积累，自主选择学习内容和学习进度，实现个性化的学习目标。据相关调查显示，在实施学分银行制度的高职院校中，超过70%的学生认为学分银行能够更好地满足他们的个性化学习需求，提高了他们的学习积极性和主动性。

学分银行有利于促进高职税务教育与其他教育形式的沟通与衔接。随着社会经济的发展，终身学习的理念日益深入人心，学生在不同教育阶段之间的流动和转换越来越频繁。高职税务教育作为职业教育的重要组成部分，需要与普通高等教育、继续教育以及职业培训等建立起有效的衔接机制。学分银行通过学分转换和互认，能够打破不同教育形式之间的壁垒，实现学习成果的共享和流通。高职税务专业的学生毕业后，如果希望继续深造，攻读本科或研究生学位，其在高职阶段积累的学分可以通过学分银行转换为本科或研究生阶段的相应学分，从而减少重复学习的时间和成本；学生在工作后参加的各类税务培训和进修所获得的学分，也可以通过学分银行转换为学历教育的学分，为其学历提升提供支持。这样，学分银行促进了不同教育层次和类型之间的有机衔接，为学生的终身学习搭建了“立交桥”。

在快速发展的社会环境中，税收政策和法规不断更新，税务行业对人才的要求也在持续提高。学分银行能够为学生提供持续学习的动力和支持，鼓励他们不断更新知识和技能，适应行业的发展变化。学生在毕业后，可以通过参加各种税务培训、学术研讨等活动获取新的学分，并将这些学分存入学分银行，不断丰富自己的学习成果库。当学生在职业发展中遇到知识和技能瓶颈时，可以利用学分银行中的学习成果，申请相关的课程学习或培训，提升自己的能力。通过学分银行，学生能够实现学习与工作的相互促进，不断提升自己的综合素质和职业竞争力，为其职业生涯的可持续发展奠定坚实的基础。

4. 区块链技术在学分银行中的应用架构

1）基于区块链的学分存储与管理

区块链的分布式存储特性为学分的安全存储与管理提供了坚实保障。在传统的学分管理模式中，学分信息通常集中存储在学校或教育机构的中心数据库中，这种集中式存储方式存在诸多风险。一旦中心数据库遭受攻击、故障或人为篡改，学分信息的完整性和真实性将受到严重威胁，可能导致学生的学习成果无法得到准确记录和认可，给学生的学业和职业发展带来极大的负面影响。

利用区块链的分布式存储技术，学分信息被分割成多个数据块，并分别存储在区块链网络中的众多节点上。每个节点都保存着完整的学分账本副本，这使得学分信息具有高度的冗余性和可靠性。即使部分节点出现故障或遭受攻击，其他节点仍然可以提供完整的学分数据，确保学分信息的安全性和可用性。当某一节点出现故障时，区块链网络可以自动切换到其他正常节点，保证学分查询和管理操作的顺利进行，避免因节点故障而导致的服务中断。

区块链的加密算法进一步增强了学分信息的安全性。在将学分信息存储到区块链之前，会使用哈希算法对学分数据进行加密处理，生成唯一的哈希值。哈希值是一种固定长度的字符串，它具有不可逆性和唯一性，即不同的学分数据会生成不同的哈希值，而且无法通过哈希值反推出原始的学分数据。将学分数据的哈希值存储在区块链中，当需要验证学分信息的完整性时，只需重新计算学分数据的哈希值，并与区块链中存储的哈希值进行比对。如果两个哈希值一致，则说明学分信息未被篡改，保证了学分信息的真实性和可靠性。

区块链的时间戳技术为学分记录提供了精确的时间标识。时间戳是指在数据块中记录的时间信息，它可以精确到秒甚至毫秒。在学分存储过程中，每一次学分的添加、修改或查询操作都会被记录在区块链上，并带有相应的时间戳。这使得学分记录具有可追溯性，能够清晰地展示学分的变化历史和操作时间。当需要查询某一学生的学分历史时，可以通过区块链的时间戳功能，按照时间顺序查看该学生的所有学分操作记录，了解学分的获取、转换和使用情况，为学分管理提供了详细的历史数据支持。

2）智能合约实现学分转换与认证自动化

智能合约是一种基于区块链技术的自动执行合约，它以代码的形式存储在区块链上，当满足预设条件时，智能合约会自动执行相应的操作。在学分银行体系中，智能合约在学分转换规则制定与自动执行方面发挥着关键作用，能够大大提高学分转换与认证的效率和准确性。

在学分转换规则制定方面，智能合约可以将复杂的学分转换规则以代码的形式精确地定义和存储在区块链上。学分转换规则通常涉及不同课程、不同教育机构之间的学分换算关系，以及学分转换的条件和限制等内容。通过智能合约，这些规则可以被明确、准确地表达出来，避免了人为理解和执行过程中可能出现的歧义。例如，当学生从一所高职院校的税务专业转学至另一所院校时，智能合约可以根据预先设定的规则，自动计算并完成该学生在原院校所修课程学分与目标院校对应课程学分的转换。这些规则可以考虑课程的难度、学时、教学内容等因素，确保学分转换的公平性和合理性。

在学分转换的自动执行过程中，智能合约能够实时监控学生的学习成果和学分积累情况。当学生完成一门课程的学习并获得相应学分时，智能合约会自动检测该学分是否符合转换条件。如果符合条件，智能合约将自动触发学分转换操作，将该学分转换为目标课程或教育机构认可的学分，并将转换结果记录在区块链上。整个过程无需人工干预，大大提高了学分转换的效率和准确性，减少了人为错误和操作成本。同时，由于智能合约的执行过程是透明的，所有参与方都可以在区块链上查看学分转换的执行情况，保证了学分转换的公正性和可信度。

在学分认证方面，智能合约同样发挥着重要作用。当学生提交学习成果进行学分认证时，智能合约可以根据预设的认证标准和流程，自动对学习成果进行验证和评估。智能合约可以验证学生提交的课程成绩单、证书等学习成果的真实性和有效性，判断其是否符合学分认证的要求。如果学习成果通过认证，智能合约将自动为学生颁发相应的学分认证证书，并将认证结果记录在区块链上。这种自动化的学分认证方式不仅提高了认证效率，还增强了认证的权威性和可信度，为学生的学习成果提供了可靠的证明。

5. 案例分析：成功实践与经验启示

以江苏开放大学为例，该校积极响应教育数字化转型战略，依托区块链技术构建学分银行体系，在终身教育领域取得了显著成效。江苏开放大学在学分银行建设过程中，充分发挥区块链技术的优势，致力于打造一个安全、可信、高效的学习成果管理平台。

在建设初期，学校组建了由信息技术专家、教育管理专家和一线教师组成的项目团队，深入研究区块链技术在学分银行中的应用模式。通过对多种区块链平台的调研和评估，最终选择了适合学校需求的联盟链技术，确保了学分银行系统的稳定性和安全性。在技术实现方面，利用区块链的分布式存储技术，将学习者的学习成果数据分散存储在多个节点上，每个节点都保存着完整的账本副本，有效防止了数据丢失和篡改。同时，采用加密算法对数据进行加密处理，确保了数据的隐私性和安全性。例如，学习者的课程成绩、证书信息等在上传到学分银行系统时，都会被加密成一串唯一的哈希值，存储在区块链上，只有拥有相应解密密钥的授权人员才能查看和验证数据的真实性。

江苏开放大学“学分银行”的建设成果显著。截至目前，学分银行已服务 73 所市县开放大学，在籍学生 17.4 万名，教师 4 000 余名（含外聘），课程 839 门，支撑 7 万余个虚拟班级通过平台组织教学过程，在线用户日访问量峰值达 3 400 万次。学分银行还建立了发展性评价机制，实现了智能化跟踪和提醒，为学生的学习提供了全方位的支持和指导。在学习成果互认与转换方面，学分银行服务用户数达到 271 万，联盟合作单位 314 家，存入学习成果数 2 410 万条。通过与其他教育机构和行业企业的合作，学分银行实现了不同类型学习成果的有效对接和转换，为学生的学习和职业发展提供了更多的机会和选择。学生在企业获得的职业技能培训证书，可以通过学分银行转换为相应的课程学分，用于学历教育的学分积累，帮助学生更快地完成学业。

然而，在建设过程中也面临一些挑战。一是技术方面，虽然区块链技术为学分银行提供了强大的支持，但在实际应用中，仍存在技术兼容性和性能优化的问题。由于学分银行需要与多个教育机构和系统进行数据交互，不同系统之间的技术标准和接口存在差异，导致数据对接和共享存在一定困难。此外，随着学分银行用户数量和数据量的不断增加，对区块链系统的性能和处理能力提出了更高的要求，需要不断进行技术升级和优化，以确保系统的高效运行。二是管理方面，学分银行涉及多个参与主体，包括教育机构、学生、企业等，如何协调各方利益，建立有效的管理机制，是学分银行建设面临的重要问题。在学分认定和转换过程中，需要制定统一的标准和规范，确保学分的公正性和权威性。然而由于不同教育机构和行业的特点和需求不同，制定统一标准存在一定难度。同时，学分银行的管理还需要建立健全的监督机制，防止出现学分造假等违规行为，保障学生的合法权益。

江苏开放大学的学分银行建设实践为高职税务教育提供了宝贵的经验。在技术应用上，应积极引入区块链技术，充分利用其分布式存储、加密算法和智能合约等特性，确保学分信息的安全存储和高效管理。在建设学分银行系统时，要注重技术的选型和架构设计，选择成熟、稳定的区块链平台，并结合高职税务教育的特点进行定制化开发，以满足实际需求。在管理机制方面，建立多方参与的管理模式至关重要。高职税务教育学分银行应联合税务行业企业、其他高职院校以及相关教育管理部门，共同制定学分认定、转换和管理的规则和标准，确保学分的通用性和权威性。可以成立由各方代表组成的学分银行管理委员会，负责决策和监督学分银行的运行，协调各方利益，解决出现的问题。

为在高职税务教育中推广学分银行，首先要加强宣传推广，提高师生和社会对学分银行的认知度和认可度。通过举办专题讲座、培训活动、发放宣传资料等方式，向师生详细介绍学分银行的功能、优势和使用方法，让他们了解学分银行对个人学习和职业发展的重要意义。同时，积极与社会各界沟通交流，向企业、用人单位等宣传学分银行的价值，争取他们的支持和认可，为学分银行的推广营造良好的社会氛围。

建立健全相关政策法规也是推广学分银行的关键。政府和教育主管部门应出台支持学分银行建设和发展的政策文件，明确学分银行的地位和作用，规范学分银行的运行管理。制定学分银行的建设标准和评估指标，对学分银行的建设和运行进行监督和评估，确保学分银行的质量和效益。提供必要的资金支持和政策优惠，鼓励高职院校积极参与学分银行建设，推动学分银行的普及和发展。

加强技术研发和人才培养是学分银行持续发展的保障。加大对区块链技术在学分银行应用方面的研发投入，不断优化技术性能，解决技术兼容性和数据安全等问题。加强对相关技术人才和管理人才的培养，提高其技术水平和管理能力。高职院校可开设相关专业课程，培养既懂教育又懂区块链技术的复合型人才，为学分银行的建设和发展提供人才支持。

5.2.3 人工智能助教系统的伦理边界

1. 人工智能助教系统的功能架构

人工智能助教系统是一种融合了自然语言处理、机器学习、图像识别等多种先进技术的智能化教学辅助工具。其功能架构通常涵盖智能辅导、作业批改、学情分析等关键模块，这些模块相互协作，旨在为教学活动提供全方位的支持。

智能辅导模块是人工智能助教系统的核心功能之一。它基于自然语言处理技术，能够理解学生提出的各种问题，并通过与庞大的知识库进行交互，为学生提供准确、详细的解答。无论是学科知识的疑问，还是学习方法的困惑，智能辅导模块都能给予及时的回应。例如，当学生在学习税务课程时对某个税收政策的适用范围不理解，智能辅导模块可以通过分析问题，从知识库中检索相关的政策条文和案例，以通俗易懂的方式向学生解释，帮助学生理解政策的内涵和应用场景。智能辅导模块还可以根据学生的提问习惯和知识掌握程度，调整回答的方式和深度，实现个性化的辅导。同时，它能够对学生的问题进行分类和汇总，分析学生的学习难点和热点问题，为教师的教学提供参考。

作业批改模块利用图像识别、自然语言处理和机器学习等技术，实现了作业批改的自动化和智能化。该模块可以快速准确地识别学生作业中的文字、符号和图表等内容，并与标准答案进行比对，给出批改结果。对于主观题，人工智能助教系统能够通过语义分析理解学生的答题思路，根据预设的评分标准进行打分，并提供详细的评语和建议。例如，在税务课程的案例分析作业批改中，人工智能助教系统可以分析学生对税收案例的分析逻辑、计算准确性以及对税收政策的运用是否恰当，指出学生的优点和不足之处，并给出改进的方向。作业批改模块不仅大大减轻了教师的工作负担，提高了批改效率，还能够及时反馈学生的学习情况，让学生能够尽快了解自己的学习成果和存在的问题，促进学生的学习。

学情分析模块通过对学生在学习过程中产生的各种数据进行收集、整理和分析，全面了解学生的学习情况和学习行为。这些数据包括学生的学习时间、学习进度、作业完成情况、考试成绩和课堂参与度等。学情分析模块利用大数据分析和机器学习算法，对这些数据进行挖掘和分析，发现学生的学习规律和潜在问题，为教师提供有价值的教学决策支持。例如，通过分析学生的学习时间分布，发现某些学生在某个时间段学习效率较低，教师可以有针对性地调整教学安排或给予学生学习建议；通过分析学生的作业和考试数据，找出学生的知识薄弱点，教师可以在教学中加强对这些知识点的讲解和辅导。学情分析模块还可以对学生的学习成绩进行预测，帮助教师及时发现学习有困难的学生，采取相应措施进行干预，提高学生的学习成绩。

2. 人工智能助教系统的发展现状与趋势

当前，人工智能助教系统在高职税务教育领域已经取得了一定的应用成果，其发展现状呈现出多方面的特点。在技术应用方面，一些高职院校已经开始引入人工智能助教系统，用于辅助税务课程的教学。这些系统能够实现基本的智能答疑、作业批改和学情分析等功能，在一定程度上提高了教学效率和质量。例如，某高职院校在税务基础课程中使用人工智能助教系统，学生可以随时向系统提问，系统能够快速解答学生的问题，学生的学习积极性得到了提高，课程的通过率也有所上升。然而，目前的人工智能助教系统在技术成熟度和应用深度上仍存在一定的局限性。在自然语言处理方面，对于一些复杂的税务专业问题，系统的理解和回答能力还有待提高；在学情分析方面，虽然能够分析学生的一些基本学习数据，但对于学生的学习动机、情感态度等非认知因素的分析还不够深入。

从市场应用情况来看，人工智能助教系统的市场规模正在逐渐扩大，越来越多的教育科技企业开始投入研发和推广相关产品。一些大型在线教育平台也将人工智能助教系统作为重要的服务内容，为用户提供个性化的学习支持。但是，市场上的人工智能助教系统产品质量参差不齐，部分产品功能单一，无法满足高职院校税务教育的多样化需求。此外，由于一些教师和学生对人工智能助教系统的认知和接受程度不高，该系统在实际应用中面临一定的推广困难。

展望未来，人工智能助教系统将呈现出一系列发展趋势。随着人工智能技术的不断进步，如深度学习算法的优化、自然语言处理技术的突破以及多模态交互技术的发展，人工智能助教系统将融入更多的新技术，具备更强的智能交互能力和更精准的学情分析能力。未来的人工智能助教系统可能会实现与学生的情感交互，根据学生的情绪状态调整教学策略，提供更人性化的学习支持。例如，当监测到学生学习压力较大时，系统可以提供一些放松的建议或调整学习内容的难度。在服务个性化方面，人工智能助教系统将更加注重学生的个体差异，根据每个学生的学习风格、兴趣爱好、知识水平等因素，提供更加个性化的学习方案和辅导服务。通过对学生学习数据的深度挖掘和分析，系统能够为学生精准推荐适合的学习资源，帮助学生提高学习效率和学习效果。此外，人工智能助教系统还将与其他教学技术和工具深度融合，如与虚拟现实、增强现实技术相结合，为学生创造更加沉浸式的学习环境，增强学习的趣味性和体验感。

3. 人工智能助教系统的伦理问题分析

1）数据隐私与安全问题

在人工智能助教系统中，数据隐私与安全问题是一个不容忽视的重要伦理挑战。随着人工智能技术在教育领域的广泛应用，助教系统需要收集大量的学生数据，以实现智能辅导、学情分析等功能。这些数据涵盖了学生的个人基本信息，如姓名、性别、年龄、家庭住址等，这些信息一旦泄露，可能会对学生的个人生活和安全造成直接威胁。例如，学生的家庭住址信息被泄露，可能会导致不法分子对学生及其家庭实施侵害行为。此外，学生的学习数据也是人工智能助教系统收集的重要内容，包括学习成绩、学习进度、作业完成情况和课堂表现等。这些数据不仅反映了学生的学习能力和学习状态，还可能包含学生的学习习惯、兴趣爱好等个人隐私信息。如果这些数据被不当使用或泄露，可能会对学生的学习和心理产生负面影响。例如，学生的学习成绩和学习进度数据被泄露，可能会导致学生受到同学的歧视或家长的过度压力，影响学生的自信心和学习积极性。

人工智能助教系统还可能收集学生的行为数据，如在学习平台上的点击行为、浏览记录等。这些数据可以帮助助教系统了解学生的学习行为模式，但也可能暴露学生的个人偏好和隐私。例如，学生频繁浏览某些特定领域的学习资料，可能会被他人推断出其兴趣爱好或职业规划，这可能被视为侵犯学生的隐私。

在数据存储环节，人工智能助教系统通常存储大量的学生数据，一旦存储系统遭受攻击，如黑客入侵、恶意软件感染等，就可能导致数据泄露。部分人工智能助教系统可能存在安全漏洞，黑客可以利用这些漏洞获取学生数据，进行非法交易或其他恶意行为。此外，数据存储设备的物理损坏、丢失等也可能导致数据丢失或泄露，给学生带来损失。

在数据使用过程中，人工智能助教系统可能会将学生数据用于与教学无关的目的，如商业广告投放、市场调研等。如果未经学生或家长的明确同意，将学生数据用于这些目的，就属于侵犯学生隐私的行为。例如，一些教育科技公司可能会将学生数据出售给第三方广告商，用于精准广告投放，这不仅侵犯了学生的隐私，也可能对学生造成不必要的干扰。

数据共享也是一个潜在的风险。人工智能助教系统可能需要与其他教育机构、企业等共享学生数据，以实现更广泛的教学资源整合和服务优化。然而，如果在数据共享过程中没有采取有效的安全措施，就可能导致数据泄露。例如，在与第三方合作时，如果没有对其数据安全保障能力进行充分评估，或者没有签订严格的数据保密协议，第三方可能会泄露学生数据。

2）算法偏见与公平性问题

算法偏见是人工智能助教系统中一个重要的伦理问题，它可能导致对学生不公平对待，影响教育的公平性。算法偏见产生的原因是多方面的，其中数据偏差是主要因素。人工智能助教系统的算法是基于大量数据进行训练的，如果训练数据存在偏差，那么算法就可能继承这些偏差，从而产生偏见。例如，如果用于训练算法的学生学习成绩数据中，某一性别或种族的学生数据占比较大，或者这些数据存在错误标注的情况，那么算法在评估学生学习能力和预测学生学习成绩时，就可能对其他性别或种族的学生产生不公平的评价。此外，算法设计本身也可能存在缺陷，从而导致算法偏见的产生。一些算法在设计过程中，可能没有充分考虑到学生的个体差异和多样性，采用了过于简单或片面的模型和方法。例如，在评估学生学习能力时，仅仅依据学生的考试成绩，而忽略了学生的学习过程、努力程度、学习环境等其他重要因素，这可能导致对学生的评价不够全面和准确，从而产生偏见。

人类的偏见也会对算法产生影响。算法的开发者和设计者可能存在无意识的偏见，这些偏见会体现在算法的设计和实现过程中。例如，开发者在选择数据特征和设计算法模型时，可能会受到自己的文化背景、价值观和经验的影响，从而导致算法对某些学生群体产生不公平的待遇。

算法偏见对学生公平受教育机会的影响是显著的。在学习资源分配方面，如果人工智能助教系统的算法存在偏见，可能会导致某些学生无法获得应有的学习资源。例如，对于学习成绩较差但努力程度较高的学生，如果算法仅仅依据成绩来分配学习资源，这些学生可能会被忽视，无法获得足够的辅导和支持，从而影响他们的学习进步和发展。

在学习评价方面，算法偏见可能导致对学生的评价不准确，影响学生的自信心和学习积极性。例如，如果算法对某些学生群体存在偏见，给予他们较低的评价，这可能会让这些学生产生自我怀疑，认为自己不如其他同学，从而降低学习动力和兴趣。

在升学和就业推荐方面，算法偏见也可能发挥作用。如果人工智能助教系统被用于升学推荐或就业推荐，存在偏见的算法可能会将一些优秀的学生排除在外，而推荐一些并不完全符合条件的学生，这不仅对学生不公平，也会影响教育和就业的公平性。

3）责任归属与透明度问题

在人工智能助教系统的应用过程中，当出现决策失误时，明确责任主体是一个复杂而关键的伦理问题。由于人工智能助教系统是基于算法和数据运行的，其决策过程涉及多个环节和参与方，责任归属变得模糊不清。

从技术开发角度来看，算法开发者和软件供应商在一定程度上对人工智能助教系统的决策负有责任。他们负责设计、开发和维护算法模型，确保其准确性和可靠性。如果算法存在漏洞、错误或不合理的设计，导致助教系统做出错误的决策，那么算法开发者和软件供应商应承担相应的责任。例如，如果算法在数据处理过程中出现错误，如数据清洗不彻底、数据标注错误等，影响了助教系统的决策，算法开发者和软件供应商需要对此负责。

教育机构在使用人工智能助教系统时也承担着重要的责任。教育机构需要对引入的助教系统进行严格的评估和审查，确保其符合教育教学的要求和标准。教育机构应制定合理的使用规范和管理制度，引导教师和学生正确使用助教系统。如果教育机构在选择和使用助教系统时存在疏忽，没有充分考虑系统的可靠性和适用性，或者没有对教师和学生进行有效的培训和指导，导致决策失误，教育机构也应承担相应的责任。

教师作为人工智能助教系统的直接使用者，在决策过程中也扮演着重要角色。教师需要根据学生的实际情况，合理运用助教系统提供的信息和建议进行教学决策。如果教师盲目依赖助教系统，没有对其提供的结果进行审慎判断和验证，导致错误的教学决策，教师也应对此负责。例如，当助教系统给出的学习建议不符合学生的实际情况时，教师应根据自己的专业知识和教学经验，对建议进行调整和优化，而不是不加思考地直接采纳。

人工智能助教系统的决策过程往往缺乏透明度，这给责任追溯和监督带来了困难。由于算法的复杂性和数据的多样性，助教系统的决策依据和逻辑难以被直观地理解和解释。当出现决策失误时，很难确定问题出在哪个环节，是算法本身的问题，还是数据的问题，抑或是使用过程中的问题。这使得责任主体难以明确，也使得对人工智能助教系统的监督和管理变得更加困难。

为了提高决策透明度，需要采取一系列措施。一方面，算法开发者和软件供应商应提供详细的算法说明和技术文档，解释算法的工作原理、数据处理流程和决策依据。这样，教育机构、教师和学生可以更好地理解助教系统的决策过程，发现潜在的问题。另一方面，可以采用可视化技术，将算法的决策过程以直观的方式展示出来，帮助用户更好地理解和监督。例如，通过图表、动画等形式，展示算法在处理数据时的关键步骤和决策结果，使决策过程更加透明。还可以建立独立的第三方评估机构，对人工智能助教系统的决策过程和结果进行评估和监督，确保其公正性和可靠性。

4. 伦理边界的界定与准则制定

1）国际国内相关伦理准则的借鉴

国际上，诸多国家和组织发布了具有重要影响力的人工智能伦理准则，为全球人工智能的发展提供了重要的道德指引。欧盟发布的《可信赖的人工智能伦理准则》，将人的能动性与监督、技术稳健性与安全性、隐私与数据管理、社会与环境福祉、多样性、非歧视性与公平性、透明性和问责制度等作为核心维度。在隐私与数据管理方面，强调对个人数据的严格保护，要求数据收集遵循最小化原则，并且在数据存储和传输过程中采取加密等安全措施，以防止数据泄露和滥用。在多样性、非歧视性与公平性方面，致力于确保人工智能系统在设计和应用过程中不会对任何特定群体产生偏见，保障不同性别、种族、社会经济背景的人群都能公平地受益于人工智能技术。

美国电气与电子工程师协会（IEEE）制定的《全球倡议》提出了“以人为本”的人工智能设计理念，强调人工智能系统应尊重人类的尊严、权利和自由，保障人类的自主性和控制权。在决策过程中，应提供清晰的解释和说明，使人类能够理解人工智能系统的决策依据和逻辑，避免因不透明的决策导致对人类权益的侵害。

我国也高度重视人工智能伦理问题，积极制定相关准则。国家新一代人工智能治理专业委员会发布的《新一代人工智能治理原则——发展负责任的人工智能》，突出了发展负责任人工智能的重要性，涵盖了和谐友好、公平公正、包容共享、尊重隐私、安全可控、共担责任、开放协作、敏捷治理等原则。在尊重隐私方面，明确要求在人工智能系统的开发和应用过程中，充分保护个人隐私，遵循合法、正当、必要的原则收集和使用个人数据。在安全可控方面，强调确保人工智能系统的安全性和可靠性，防止因技术故障或恶意攻击导致的安全风险。

这些国际国内的人工智能伦理准则，为高职税务教育中人工智能助教系统伦理边界的界定提供了丰富的参考。在数据隐私保护方面，高职税务教育可以借鉴相关准则，建立严格的数据收集、存储和使用制度，明确数据的所有权和使用权，确保学生数据的安全和隐私。在算法公平性方面，参考国际准则中对公平性评估指标的设定，建立适合高职税务教育的算法公平性评估体系，定期对人工智能助教系统的算法进行审查和评估，及时发现和纠正可能存在的算法偏见。在责任归属方面，依据国内准则中对责任界定的要求，明确人工智能助教系统开发、使用和管理过程中各参与方的责任，建立健全责任追溯机制，当出现伦理问题时，能够准确追究相关方的责任。

2）适合高职税务教育的伦理准则制定

在高职税务教育中，为确保人工智能助教系统的合理应用，需制定全面且针对性强的伦理准则，从多个关键方面规范其行为和运行。

在数据保护方面，明确数据收集应遵循最小必要原则，仅收集与教学和学生学习发展密切相关的数据，如学生的税务课程学习成绩、作业完成情况、课堂互动表现等，避免过度收集学生的个人隐私信息。在数据存储环节，采用先进的加密技术（如 AES）对学生数据进行加密存储，确保数据的安全性，防止数据被非法获取和篡改。在数据使用方面，严格限制数据的使用目的，仅用于教学分析、学情评估和个性化学习支持等教育相关目的，禁止将学生数据用于商业用途或其他不当目的。建立完善的数据访问权限管理机制，根据教师、学生和管理人员的不同角色和职责，分配相应的数据访问权限，确保数据的访问和使用在可控范围内。

为保证算法公平，在算法设计阶段，引入多方参与的审核机制，邀请教育专家、税务行业从业者、学生代表等共同参与算法的审核，确保算法的设计符合教育公平原则，避免算法偏见的产生。建立算法公平性评估指标体系，从多个维度评估算法的公平性，如不同性别、不同种族、不同学习基础的学生在学习资源分配、学习评价等方面是否受到公平对待。定期对人工智能助教系统的算法进行公平性检测，一旦发现算法存在偏见，及时进行调整和优化。例如，通过对比不同群体学生在系统推荐的学习资源的质量和数量，以及在学习评价中的得分情况，判断算法是否存在公平性问题。

明确责任归属是伦理准则的重要内容之一。在人工智能助教系统的开发过程中，开发团队应对算法的准确性、可靠性和安全性负责，确保系统不存在漏洞和错误。在系统使用过程中，教育机构应承担管理责任，制定合理的使用规范和管理制度，引导教师和学生正确使用助教系统。教师作为系统的直接使用者，应根据学生的实际情况，合理运用助教系统提供的信息和建议，对教学决策负责。当出现决策失误或伦理问题时，应建立清晰的责任追溯机制，根据问题的性质和原因，准确追究相关方的责任。例如，如果因为算法错误导致对学生的学习评价出现偏差，开发团队应承担主要责任；如果是教师盲目依赖系统建议，导致教学决策失误，则教师应承担相应责任。

提升决策透明度对于保障学生权益至关重要。人工智能助教系统应提供清晰易懂的决策解释，当系统为学生提供学习建议、评价结果或推荐学习资源时，应详细说明决策的依据和逻辑。采用可视化技术，将算法的决策过程以直观的方式展示给教师和学生，使他们能够更好地理解系统的决策机制。建立信息公开制度，定期向教师、学生和家长公开人工智能助教系统的运行情况、数据使用情况和算法更新情况，提高系统的透明度和公信力。例如，通过系统界面的提示信息或生成详细的报告，向学生解释为什么推荐某一税务学习资料，以及评价成绩的计算方式。

5. 风险防控与监管机制建设

1）技术层面的风险防控措施

在人工智能助教系统中，采用先进的加密技术是保障数据安全和保护隐私的关键手段。加密技术通过特定的算法将原始数据转换为密文，只有拥有正确密钥的授权人员才能将密文还原为原始数据，从而有效防止数据在传输和存储过程中被窃取或篡改。在数据传输过程中，可运用 SSL/TLS（安全套接层/传输层安全）协议对数据进行加密。SSL/TLS 协议能够在客户端和服务器之间建立安全的通信通道，确保数据在传输过程中的机密性和完整性。例如，当学生向人工智能助教系统提交作业或提问时，数据会在发送端被加密，然后通过加密通道传输到服务器，服务器接收到数据后再进行解密处理。这样，即使数据在传输过程中被第三方截获，由于没有正确的密钥，第三方也无法获取数据的真实内容，从而保护了学生数据的安全。

在数据存储环节，可使用 AES（高级加密标准）等加密算法对数据进行加密存储。AES 算法具有高强度的加密能力，能够将学生的学习数据、个人信息等存储为密文形式，存储在服务器的数据库中。只有经过授权的系统模块或人员，在获取到相应的解密密钥后，才能从数据库中读取并解密数据，查看其内容。这大大降低了数据存储过程中的安全风险，即使数据库被非法访问，攻击者也难以获取到有价值的明文数据。

定期进行算法审计和优化，是确保人工智能助教系统决策公正性和准确性的重要措施。算法审计是对算法的设计、开发和应用过程进行全面审查和评估，以发现其中可能存在的偏差、漏洞和伦理问题。可以邀请独立的第三方机构或专家团队对人工智能助教系统的算法进行审计，从数据来源、数据处理、模型训练到决策输出等各个环节进行详细检查。在数据来源方面，审查训练数据是否存在偏差，是否涵盖了足够多样化的样本，以避免因数据偏差导致算法对某些学生群体产生不公平的决策。在模型训练环节，检查训练过程是否符合规范，是否存在过拟合或欠拟合等问题，以确保模型的准确性和稳定性。

根据审计结果，及时对算法进行优化和调整，能够有效解决发现的问题，提高算法的质量和可靠性。例如，如果审计发现算法在对不同性别学生的学习评价中存在偏差，导致对某一性别的学生评价不准确，就需要对算法进行调整，优化评价指标和权重设置，确保算法能够公平、准确地评价每个学生的学习情况。通过定期的算法审计和优化，能够使人工智能助教系统的算法不断完善，提高决策的公正性和准确性，保障学生的合法权益。

2）管理与监管机制的完善

在高职院校内部，建立健全的人工智能助教系统管理机制是确保其合理、规范使用的重要保障。首先，应制定详细的使用规范和操作流程，明确教师和学生在使用人工智能助教系统时的权利和义务，以及系统的使用范围和条件。规范应包括如何正确登录系统、如何进行提问和回答、如何上传和下载学习资料等具体操作步骤，以及在使用过程中应遵守的安全和隐私规定。通过明确的使用规范，能够引导教师和学生正确使用助教系统，避免因操作不当导致的安全风险和伦理问题。

加强对教师和学生的培训，提高他们对人工智能助教系统的认识和使用能力，也是管理机制的重要内容。培训内容可以包括人工智能的基本原理、助教系统的功能和特点、如何利用系统进行有效的学习和教学等方面。通过培训，使教师和学生了解人工智能助教系统的优势和局限性，掌握正确的使用方法，从而提高系统的使用效率。例如，为教师提供关于如何解读和应用学情分析报告的培训，帮助教师更好地利用系统提供的信息，调整教学策略，提高教学质量；为学生提供关于如何与智能辅导模块进行有效交互的培训，使学生能够更好地获取所需的学习帮助。

建立内部监督机制，对人工智能助教系统的使用情况进行定期检查和评估，及时发现和纠正存在的问题。可以成立专门的监督小组，由教育管理人员、技术专家和教师代表组成，负责对系统的运行情况、数据使用情况、教师和学生的使用反馈等进行监督和评估。监督小组定期审查系统的日志记录，检查数据的使用是否符合规定，查看教师和学生在使用过程中是否存在违规行为。根据评估结果，对系统的管理和使用进行改进和优化，不断完善内部管理机制。

外部监管体系的建设对于保障人工智能助教系统的合规运行至关重要。政府应加强对人工智能教育应用的监管，制定相关的法律法规和政策标准，明确人工智能助教系统的开发、使用和管理的规范要求。应规定人工智能助教系统的数据收集、存储和使用必须遵循相关的隐私保护法律，确保学生数据的安全和隐私；明确算法的设计和应用应遵循公平、公正的原则，防止算法偏见的产生。通过完善的法律法规，为人工智能助教系统的发展提供明确的法律依据和监管框架，规范市场秩序，保障学生的合法权益。

引入第三方评估机构，对人工智能助教系统的安全性、隐私保护、算法公平性等方面进行独立评估，能够提高监管的客观性和专业性。第三方评估机构具有专业的技术和评估方法，能够对人工智能助教系统进行全面、深入的评估。它们可以对系统的数据安全措施进行检测，评估系统是否存在安全漏洞；对算法进行分析，判断算法是否存在偏见和不公平性；对隐私保护政策和措施进行审查，确保系统符合隐私保护的要求。第三方评估机构的评估报告可以为政府监管部门提供重要的参考依据，帮助监管部门及时发现和解决问题，加强对人工智能助教系统的监管力度。

参考文献

[1] 和震，李玉珠，魏明. 职业教育产教融合制度创新. 北京：科学出版社，2018.

[2] 焦李媛，黄秋燕，周航羽. “五金”赋能行业产教融合共同体的理论逻辑与实践进路［J］. 南宁职业技术学院学报，2025，42（2）：15－28.

[3] 林克松，华意菊. 职业教育产教融合的概念演进逻辑［J］. 高等工程教育研究，2025，41（2）：30－40.

[4] 翟建宏，崔志钰，崔景贵. 职业院校产业学院课程设计的产业逻辑、现实问题及对策建议［J］. 教育与职业，2025（8）：50－60.

[5] 杨鹏. 人工智能与现代产业学院的建构［J］. 山西财经大学学报，2025，47（S1）：100－110.

[6] 张延昕，屈璐. 高职院校产业学院绩效评价：评价模型、指标体系及应用检验［J］. 职教论坛，2025，41（3）：120－130.